처음 만나는 WSL

프래틱 싱 지음, 남정현 옮김

처음 만나는 WSL

개발자 및 IT 전문가를 위한 리눅스용 윈도우 하위 시스템 실무 안내서

초판 1쇄 발행 2022년 2월 28일

지은이 프래틱 싱 / **옮긴이** 남정현 / **펴낸이** 김태헌
펴낸곳 한빛미디어(주) / **주소** 서울시 서대문구 연희로2길 62 한빛미디어(주) IT출판부
전화 02-325-5544 / **팩스** 02-336-7124
등록 1999년 6월 24일 제25100-2017-000058호 / **ISBN** 979-11-6224-529-3 93000

총괄 전정아 / **책임편집** 고지연 / **기획·편집** 박용규
디자인 표지 박정우 내지 박정화 / **전산편집** 이경숙
영업 김형진, 김진불, 조유미 / **마케팅** 박상용, 송경석, 한종진, 이행은, 고광일, 성화정 / **제작** 박성우, 김정우

이 책에 대한 의견이나 오탈자 및 잘못된 내용에 대한 수정 정보는 한빛미디어(주)의 홈페이지나 아래 이메일로
알려주십시오. 잘못된 책은 구입하신 서점에서 교환해드립니다. 책값은 뒤표지에 표시되어 있습니다.

한빛미디어 홈페이지 www.hanbit.co.kr / 이메일 ask@hanbit.co.kr

First published in English under the title Learn Windows Subsystem for Linux; A Practical Guide for
Developers and IT Professionals by Prateek Singh, edition: 1
Copyright © Prateek Singh, 2020
This edition has been translated and published under licence from APress Media, LLC, part of
Springer Nature.
APress Media, LLC, part of Springer Nature takes no responsibility and shall not be made liable for
the accuracy of the translation.

지금 하지 않으면 할 수 없는 일이 있습니다.
책으로 펴내고 싶은 아이디어나 원고를 메일(writer@hanbit.co.kr)로 보내주세요.
한빛미디어(주)는 여러분의 소중한 경험과 지식을 기다리고 있습니다.

개발자 및 IT 전문가를 위한
리눅스용 윈도우 하위 시스템 실무 안내서

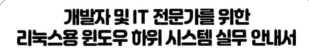

처음 만나는 WSL

프래틱 싱 지음, 남정현 옮김

Windows Subsystem for Linux

Apress® 한빛미디어
Hanbit Media, Inc.

사랑하는 나의 조부 람 나레쉬 싱[Ram Naresh Singh](1935~2017)께 이 책을 바친다.

당신은 내 인생의 유일한 영웅이자 롤 모델이다.

당신은 긍정적인 삶과 사회를 만들기 위해 노력하는 모두에게 여전히 큰 영감과 동기를 준다.

지은이 · 옮긴이 소개

지은이 **프래틱 싱**Prateek Singh

IT 인프라를 관리하는 클라우드 개발자이며, 열정적인 파워셸 블로거이자 오픈소스 커뮤니티 기여자. 그의 블로그(*www.ridicurious.com*)는 지난 3년간 '전 세계에서 인기 있는 50대 파워셸 블로그'로 인정받았다.

기술 문서 작성에 대한 폭넓은 경험을 보유하고 있으며 그의 블로그, *4SysOps.com*, *IPSwitch.com*, *TechTarget.com*과 같은 여러 웹 사이트에 250개 이상의 글을 작성했다. 파워셸 스크립트와 애저Azure에 대한 주제를 가지고 유튜브 채널을 운영하고 있다. 파워셸과 파이썬에 관련된 기술 서적들을 집필했으며, 최근에는 『PowerShell to C# and Back』(Leanpub, 2021)을 통해 C#과 닷넷.NET에 대한 기술 서적을 집필하고 있다.

컴퓨터 앞에서 일을 하지 않을 때는 따뜻한 커피 한 잔과 함께 책을 읽는 것을 좋아하며, 마라톤에 참가하는 것을 정말 좋아한다.

옮긴이 **남정현**rkttu@rkttu.com

2009년부터 13년간 Microsoft MVP로 활동하고 있다. 현재는 ㈜데브시스터즈에서 소프트웨어 개발과 클라우드 컴퓨팅 분야의 기술 작가로 일하고 있다.

C#과 닷넷을 사용하는 프로그래머로 경력을 시작한 덕분에 현재는 '닷넷데브'라는 닷넷 개발자들을 위한 커뮤니티의 운영진으로 활동하고 있다. 이 외에도 페이스북에서 각자 코딩하는 모임(*fb.com/groups/mogaco*), 한국 WSL 사용자 그룹(*wslhub.com*)이라는 커뮤니티에 운영진으로 참여하고 있다.

또한 최근 많은 관심을 받고 있는 오픈소스 프로젝트인 식탁보 프로젝트(*github.com/yourtablecloth/tablecloth*)를 진행하며 기술 작가뿐 아니라 개발자로서 꾸준히 활동하고 있다.

옮긴이의 말

마이크로소프트가 윈도우 10 출시 후 1주년 기념 업데이트로 처음 소개한 WSL은 윈도우 OS
와 오픈소스 개발자들 사이의 간격을 획기적으로 줄이는 데 큰 역할을 해냈다. 설치와 관리가
까다로운 리눅스 기반의 데스크톱 환경을 제외하면, 그동안 오픈소스 개발자들은 윈도우 OS
보다 유닉스 터미널 환경에 가까운 기능을 제공하는 맥 OS를 주로 사용했다.

하지만 WSL을 사용할 수 있는 컴퓨터 사양을 갖춘다면 비싼 돈을 주고 아이맥이나 맥북을 구
입하지 않아도 되고, 기존의 컴퓨터 OS를 재설치하는 시간과 수고를 들이지 않아도 손쉽게 윈
도우 OS에서 잘 만들어진 리눅스 터미널 환경을 이용할 수 있게 된다.

리눅스를 처음 접하는 사용자는 물론 기존에 윈도우 기반의 프로그래밍을 주로 하던 사람들,
컨테이너와 쿠버네티스 같은 최신 데브옵스 기술을 사용하는 엔지니어들에게도 WSL은 폭넓
은 선택지를 제공한다. 특히 나중에 출시된 WSL 2는 윈도우 10의 핵심 기술인 경량 VM의 이
점을 극대화하여 가볍고, 빠르며, 유연한 리눅스 컴퓨팅 환경을 윈도우 OS에 잘 녹여냈다.

WSL이 출시된지 시간이 꽤 흘러 이제는 WSL이 없는 개발 환경을 상상하기 무척 어려워졌을
정도로 윈도우 OS에 리눅스를 연동하는 것은 더 이상 어색한 일이 아니게 되었다.

이 도서를 번역할 당시에는 WSL 2가 막 출시된 시점이라 다루어지지 않은 부분이 있다. 이 도
서에서 소개하는 것처럼 별도의 X11 터미널 서버를 이용하여 전체 데스크톱 환경을 구현할
수도 있겠지만, 윈도우 11 이후의 OS를 사용한다면 X11 터미널 서버 없이도 곧바로 리눅스
GUI 애플리케이션을 실행할 수도 있다.

요즈음 IT 업계에서 기본적으로 사용하는 컨테이너를 윈도우 PC에서 쉽게 빌드할 수 있다. 또
한 클라우드상의 이미지 레지스트리에 올릴 수 있도록 도와주는 도커 데스크톱도 원래 사용
하던 Hyper-V나 버추얼 박스같이 무겁고 구동에 시간이 오래 걸려 타임아웃이 쉽게 발생하
던 환경을 버리고, WSL 2로 제품을 리팩터링하여 많은 인기를 구가하고 있다. 뿐만 아니라 노
드 한 개로 구성된 간이 쿠버네티스 클러스터까지 재현하여 개발자들의 생산성을 극대화하고
있다.

이처럼 WSL은 윈도우 OS와 리눅스의 경계를 단순히 허무는 것뿐만이 아니라 개발자들의 생산성을 극대화할 수 있도록 계속 진화하고 있다.

이 책을 읽는 독자 여러분에게 WSL의 가치와 효용성이 잘 전달되기를 바란다.

또한 역자 본인은 '한국 WSL 사용자 그룹'이라는 WSL을 주로 다루는 전문 커뮤니티도 페이스북에서 운영 중이다. WSL을 다루면서 궁금한 점이 있다면, 한국 WSL 사용자 그룹(*wslhub.com*)에 언제든 방문하여 도움을 얻기 바란다.

남정현

감수자의 말

1994년에 리눅스를 처음 사용하기 시작했다. 그 당시에 새로운 통신망 전자 게시판에는 '명령 프롬프트'라는 새로운 옵션이 메뉴에 있었고, 도스^{disk operating system}(DOS)에 친숙하지 않아 리눅스를 배우기 시작했다. 친구와 함께 리눅스를 시작했고, 그 이후 리눅스를 탐구하는 것에 깊이 빠졌다. 지금은 그래픽 사용자 인터페이스^{graphical user interface}(GUI)를 사용할 때 느끼는 편안함을 커맨드 라인을 사용할 때에도 똑같이 느낀다.

컴퓨터와 비디오 게임을 좋아하고, 오래된 게임을 회상하는 데 많은 시간을 보내곤 한다. 요즘은 AlphaSmart Neo(휴대용 워드프로세서 기기)에서 타이핑하는 것에 새로운 취미를 붙였다.

공상 과학 소설과 판타지를 쓰고, 가끔은 자라온 시절을 떠올리며 지구를 배경으로 한 이야기를 쓰기도 한다. Ego Software의 X Universe 게임 시리즈에서 사랑받은 소설을 번역하기도 했다. 근래에는 우분투 운영체제를 처음 접하는 윈도우와 맥 사용자를 위한 입문서 『Beginning Ubuntu for Windows and Mac Users』(Apress, 2017)를 집필했다.

독한 술을 좋아하고, 달빛을 맞으며 해변을 거니는 것을 좋아하며, 본인이 집필한 도서가 높은 평가를 받기를 늘 기대하는 프리랜서 작가다. 운영하는 홈페이지(*www.nhaines.com*)를 통해 독자들과 소통의 창구를 두고 있다.

네이선 헤인스^{Nathan Haines}

CONTENTS

CHAPTER **1 WSL 시작**

CONTENTS

CONTENTS

CHAPTER **6** 파일 시스템

CHAPTER **7** 네트워킹

CONTENTS

CHAPTER 9 WSL에서 실행하는 리눅스 데스크톱

WSL 시작

리눅스용 윈도우 하위 시스템Windows Subsystem for Linux(WSL)은 그동안 제공되었던 윈도우 운영체제에 포함된 하위 시스템이다. 마이크로소프트는 호스트 운영체제에서 분리된 애플리케이션이 독립적으로 실행될 수 있도록 격리된 하위 시스템들을 개발했는데, 그중에서도 WSL은 여러 해에 걸쳐 개발한 좀 더 개선된 제품이다.

WSL의 설정, 구성, 작동 방법을 자세히 알아보기 전에 WSL이 어떻게 시작되었는지 살펴보자. 그리고 WSL을 이해하는 데 도움이 되는 주요 용어와 개념을 빠르게 살펴보자.

1장 WSL의 기본 지식은 분명 도움이 되는 내용이지만, WSL을 당장 설정하고 사용해보고 싶다면 지금은 건너뛰어도 좋다.

1.1 윈도우 하위 시스템의 역사

마이크로소프트 윈도우 NTWindows NT의 첫 버전이 출시된 이후, 운영체제는 커널 내부의 구현과 독립적인 운영체제 내에서 하나 이상의 하위 시스템이 공존할 수 있도록 설계되었다. 이를 통해 윈도우 64비트 운영체제에서 Win32 하위 시스템을 통해 윈도우 32비트 애플리케이션을 실행하고, POSIX나 OS/2와 같은 다른 하위 시스템을 지원할 수 있었다.

이러한 하위 시스템은 실행 중인 애플리케이션이 제공한 API를 통해 기능에 접근할 수 있도록 해주었고, 애플리케이션이 API를 호출하면 요청된 작업을 처리할 수 있도록 적절한 윈도우 NT 시스템 호출로 변환해서 실행하는 형태로 동작했다. 그러나 시간이 지나면서 이러한 하위 시스템 동작 방식은 더 이상 사용되거나 개발되지 않았고, WSL의 기능을 개발하고 확장하기 위한 연구가 진행되었다.

WSL은 본래 개발자가 안드로이드 코드를 재사용하여 휴대폰용 윈도우 애플리케이션을 빌드하거나 윈도우에서 기본 안드로이드 애플리케이션을 실행할 수 있게 했던 유니버설 윈도우 플랫폼 브리지 도구 키트인 프로젝트 아스토리아Project Astoria에서 비롯되었다. 이는 안드로이드 애플리케이션을 최소한으로 변경하여 에뮬레이션된 환경에서 실행하면서, 마이크로소프트 플랫폼 API에 접근할 수 있도록 하기 위한 기술이었다. 그러나 2016년 2월 25일 마이크로소프트는 '프로젝트 아스토리아'[1]가 중단될 것이라고 공식 발표했다. 이러한 에뮬레이터가 궁극적으로는 네이티브 안드로이드나 네이티브 오브젝티브 C 기술과 중복될 것이라는 반론이 있었기 때문이다. 추후 '프로젝트 아스토리아'와 '프로젝트 드로우브리지'로 알려진 다른 연구 프로젝트(이 장의 뒷부분에서 설명)로 발견한 성과와 기술을 통해 WSL 버전 1이라는 호환성 서비스를 만들게 된다. 마이크로소프트는 2016년에 WSL 1이라고도 하는 WSL의 초기 버전을 출시했다.

1.2 WSL 한눈에 둘러보기

WSL은 사용자가 완전한 리눅스 가상 머신virtual machine(VM)을 실행하지 않고도 기본적으로 리눅스 명령 줄 도구, 유틸리티, 그리고 리눅스에서 사용하던 ELF64 바이너리를 그대로 윈도우에서 실행할 수 있도록 하는 새로운 윈도우 운영체제 호환성 계층이다. WSL은 개발자를 위한 도구로 개발되었지만, 시스템 관리자뿐 아니라 사이버 보안 분야에서도 매우 널리 사용되고 있다.

WSL은 단순히 윈도우에서 리눅스 bash 셸만 제공하는 것이 아니다. 셸을 제공하는 것을 넘어, 실제로 리눅스 운영체제와 똑같이 보이고 동작하는 환경을 실행하는 완전한 호환성 계층이다. WSL을 통해 윈도우 사용자는 grep, sed, awk같이 널리 쓰이는 무료 명령 줄 소프트웨어는 물론, 마이크로소프트 스토어에서 무료로 다운로드할 수 있는 리눅스 배포판의 다른 ELF64

---

1 옮긴이_ 프로젝트 아스토리아는 취소되었으나, WSL을 개발화는 과정을 거쳐, 2022년에 출시되는 새 버전의 윈도우 11에서는 결국 Windows Subsystem for Android가 다시 정식 출시될 예정이다.

바이너리들을 실행할 수 있다. 즉, 시그윈과 같은 서드 파티의 POSIX 호환 환경을 사용하지 않고도 윈도우 운영체제에서 리눅스와 유사한 사용자 경험[user experience](UX)으로 bash, vim, emacs 같은 리눅스 도구를 사용할 수 있다.

마이크로소프트는 WSL의 초기 버전(버전 1) 또는 wsl.exe로 운영체제 연구의 경계를 확실히 넓혀 왔다. 이제 더 이상 운영체제나 윈도우 또는 리눅스 사용자에 편향성을 지니지 않는다. 기본적으로 최종 사용자가 문제를 해결하고 기본 플랫폼에 관계없이 애플리케이션을 만들 수 있는 최상의 도구를 제공하는 것에 초점을 맞춘다.

1.3 WSL 1의 장점

여러분을 윈도우 서버의 시스템 관리자 또는 윈도우 개발자라고 가정해보자. 인터넷에서 웹 서버 또는 무언가를 설정하기 위해 몇 가지 가이드 문서를 살펴보고 있는데, 갑자기 문서에 셸 명령이라고 하면서 달러 기호($) 모양의 프롬프트가 나타나면, 곧바로 다음과 같은 생각을 하게 되지 않을까?

> "이런! 이런 건 본 적도 없는데? 윈도우에서는 안 되는 기능이잖아. 이 문서를 따라 하려면 가상 머신을 만들고, 가상 환경에서 리눅스를 설치해야 하잖아. 귀찮아! 안 할래."

이 상황이 WSL이 등장하게 된 배경이다. 개발자와 시스템 관리자는 윈도우에서 빠르게 배시[bash]와 같은 리눅스 바이너리를 실행하고, 원활한 기능을 제공할 수 있는 하위 시스템이 필요했다. 이러한 하위 시스템이 있다면 간단한 작업 하나를 하려고 리눅스 운영체제를 가상 머신에 설치 및 설정하는 번거로운 과정을 거치지 않아도 되기 때문이다.

특히 WSL은 다음과 같은 장점이 있다.

- **리소스 소비 최소화**: 가상 머신은 그동안 우리가 유용하게 잘 활용해온 기술이고 믿을 만한 기술이다. 하지만 메모리, CPU와 함께 제공되는 스토리지 측면에서 리소스 오버헤드[overhead]가 작지 않다. 반면 WSL에서는 호스트 운영체제에 주는 리소스 부담을 매우 최소화할 수 있다. 간단한 리눅스 명령어 몇 가지를 실행해보기 위해서는 WSL에 들어있는 bash 셸이면 충분하다. 굳이 가상 머신을 생성할 필요가 없다.

- **리눅스 도구에 대한 접근**: 윈도우 운영체제에서 리눅스 바이너리를 실행하면 강력한 리눅스 애플리케이션과 도구를 사용할 수 있게 만들어준다. 따라서 윈도우 사용자가 리눅스 기능을 활용할 수 있는 완전히 새로운 기회를 얻게 된다.
- **크로스 플랫폼 개발**: 개발자와 시스템 관리자는 모두 WSL을 활용하여 닷넷 코어.NET Core와 같은 크로스 플랫폼 개발 도구를 활용할 수 있다. 즉, 리눅스 가상 머신을 실행하지 않고도 윈도우와 WSL에서 프로젝트를 쉽게 테스트할 수 있다.
- **올바른 작업에 적합한 도구 사용**: 기본 플랫폼에 관계없이 가장 좋은 도구를 사용할 수 있다. 리눅스에 Nginx 웹 서버를 배포하는 것이 편하다면, 윈도우 운영체제 안의 리눅스 하위 시스템에서 Nginx를 실행할 수 있다.
- **일관된 사용자 경험**: WSL은 단순한 통합이 아니다. 리눅스 개발자에게 원활한 경험을 제공한다. 리눅스 개발자에게 원활한 경험을 제공하기 때문에 개발자는 마치 리눅스 운영체제에서 작업하는 것처럼 느낀다. 하지만 실제로는 윈도우 운영체제가 제공하는 변환 계층을 통해 네이티브 리눅스 바이너리가 윈도우 운영체제에서 작동하고 있는 것이다.
- **안전한 격리**: WSL은 하위 시스템이므로 WSL에서 실행되는 애플리케이션은 실제로 호스트 운영체제의 다른 애플리케이션을 손상시킬 수 없도록 안전하게 격리된 컨테이너에서 실행된다.

이제 WSL의 아키텍처와 일부 내부 구성 요소를 살펴보자.

1.4 WSL 1의 아키텍처와 구성 요소

WSL은 시스템 호출, 가상 파일과 파일 시스템을 변환하기 위해 리눅스 사용자 공간Linux user space과 윈도우 NT 커널 내부 사이의 변환 계층 역할을 하는, 마이크로소프트에서 구현한 소프트웨어 구성 요소 및 드라이버 모음이다. WSL은 사용자 모드와 커널 모드 구성 요소로 이루어져 있다. 그리고 리눅스 사용자 공간과 윈도우 NT 커널 사이의 변환을 담당하는 변환 서비스는 리눅스 커널을 에뮬레이션하여 리눅스 애플리케이션이 리눅스 커널과 상호작용하는 것처럼 동작한다. 하지만 실제로는 윈도우 NT 커널과 상호작용하는 형태로 동작하게 된다. 이 아키텍처를 [그림 1-1]과 같이 표현할 수 있다.

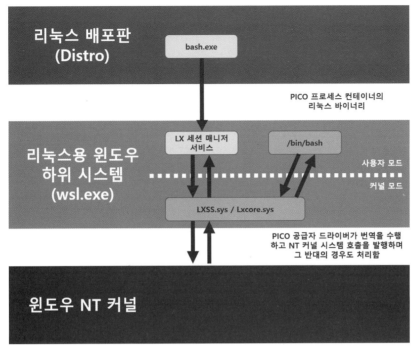

그림 1-1 WSL 1의 아키텍처

bash.exe가 호스트 윈도우 운영체제에서 시작되면 리눅스 인스턴스를 실행하는 일을 담당한다. 이때 리눅스 인스턴스는 모든 프로세스, 스레드, 런타임 상태를 관리하기 위한 데이터 구조를 담당한다. 그리고 리눅스 프로세스인 /bin/bash를 시작시키는 일도 담당한다. 'LX 세션 관리자 서비스'는 이러한 리눅스 인스턴스의 수명 주기를 제어한다. 이 서비스의 역할은 리눅스 하위 시스템 드라이버의 중개인 역할을 하는 것이며, 리눅스 배포판을 설치하고 제거할 때 작업을 동기화하여 한 번에 한 프로세스만 작업할 수 있도록 하는 데에도 관여한다.

2011년 마이크로소프트 연구소에서 드로우브리지Drawbridge라는 프로젝트를 시작했으며, 나중에 윈도우 운영체제에 PICO 프로세스[2]라는 개념을 도입했다. PICO 프로세스는 하위 시스템이 리눅스 바이너리를 내부에 보관할 수 있도록 몇 가지 핵심적인 커널 API를 제공하는 프로세스 기반 격리 컨테이너다. 이러한 리눅스 바이너리에 대해 작업을 수행하면 컨테이너 또는 PICO가 lxss[3]와 함께 처리된다. PICO 공급자 드라이버로도 알려진 sys와 lxcore.sys는 리

---

2 옮긴이_ *https://www.microsoft.com/en-us/research/project/drawbridge*

3 옮긴이_ WSL 시스템의 내부 구성 요소

눅스 시스템 호출을 NT API로 변환하여 리눅스 커널을 에뮬레이션한다. 간단히 말해서 PICO 공급자는 리눅스 시스템 호출을 위해 윈도우 NT 커널에 대응되는 시스템 호출을 발행하고 그 반대의 경우도 처리한다.

[그림 1-2]에서 보이듯이, 이러한 PICO 프로세스는 정상적인 호스트 프로세스의 축소된 버전이다. 사용자 모드 바이너리인 ntdll.dll이 매핑되지 않은 분리된 주소 공간과 프로세스 환경 블록Process Environment Block(PEB)이 차별화 요소로 생성되지 않으므로 호스트에서 이러한 프로세스가 능동적으로 관리되지 않는다는 것을 알 수 있다. 호스트는 스레드 스케줄링, 메모리 관리 등과 같은 기본 운영체제 지원을 이렇게 만들어진 PICO 프로세스에도 계속 제공한다.

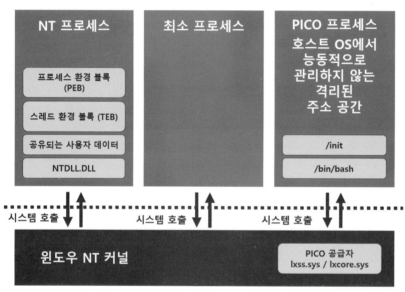

그림 1-2 NT 프로세스, 최소 프로세스, PICO 프로세스

커널 모드 드라이버에는 리눅스 커널의 코드가 포함되어 있지 않으므로 실행 파일에서 리눅스 시스템 호출이 발생하면 윈도우 NT 커널이 lxcore.sys로 요청을 전달하여 대응되는 윈도우 NT 시스템 호출로 번역하는 모든 작업을 수행한다. 그러나 모든 리눅스 시스템 호출이 윈도우 NT와 대응되지는 않는다. 예를 들어 fork()와 같은 일부 리눅스 시스템 호출이 있다. 따라서 lxcore.sys는 내부 윈도우 NT 커널 API를 사용하여 올바른 데이터로 새 프로세스를 복사하고 생성하여 WSL에서 이러한 요청을 처리해야 한다.

1.5 WSL 1의 단점

다른 소프트웨어나 도구처럼 WSL 1도 제한 사항과 단점이 있다. 미리 일러두지만, WSL은 지속적으로 발전하는 제품이며 이러한 제한 사항들은 분명 개선된다.

- 리눅스는 빠르게 진화하는 오픈소스 운영체제로 늘 새 버전이 출시된다. 그런데 WSL에서 구현된 시스템 호출 변환 서비스는 마이크로소프트에서 온전히 관리하므로 여기에 맞추어 매번 새 릴리스를 출시해야 하는 부담이 있다. 따라서 마이크로소프트는 최신 버전의 리눅스에서 제공하는 새로운 기능을 구현할 때까지 기능 차이가 존재할 수밖에 없다.

- 윈도우 NT와 리눅스 커널은 파일 시스템, 권한 모델, 그리고 메모리 관리 형태가 매우 다르다. 모든 것이 WSL의 최상의 시나리오에서 작동하더라도 (최악의 경우 윈도우 커널이 적절한 기능을 지원하지 않기 때문에) 윈도우 NT에 맞추어 제공할 수 없는 기능도 있을 수 있다.

- WSL 1은 (32비트 바이너리와 같은) 모든 리눅스 소프트웨어를 실행할 수 없으며, 아직 마이크로소프트에서 구현하지 않은 특정 리눅스 커널 서비스가 필요하다. 따라서 WSL에서 일부 리눅스 소프트웨어를 제대로 실행하지 못할 수 있다. 다음 깃허브 리포지터리에서 커뮤니티가 관리하는 WSL 프로그램 호환성 목록을 찾아볼 수 있다(*https://github.com/ethanhs/WSL-Programs*). WSL 2는 하이퍼-V^{Hyper-V} 기반의 경량 유틸리티 가상 머신(VM)을 만들고, 그 안에서 리눅스 커널을 실행하여 방금 언급한 많은 문제점을 해결한다.

> **NOTE_** 앞서 언급한, 지원되거나 지원되지 않는 소프트웨어 목록은 WSL 사용자 커뮤니티나 마이크로소프트가 아닌 오픈소스 활동가들이 유지 관리하고 있다.

- WSL은 Xfce와 xRDP를 사용하여 리눅스 데스크톱 환경을 설치하여 그래픽 사용자 인터페이스^{graphical user interface}(GUI) 애플리케이션과 전체 데스크톱 환경을 지원하지만, 여전히 오디오 지원이 부족하고 그래픽 성능이 떨어진다. WSL 1이 꾸준히 계속 개발된다면 향후 릴리스에서 수정될 수 있다. 더 나아가, 마이크로소프트는 다른 접근 방식을 사용하여 같은 문제를 해결하기 위해 WSL 2에 많은 투자를 했고, 시간이 지나면서 자연스럽게 문제가 해결될 것이다.[4]

> **NOTE_** WSL 2는 윈도우 10 버전 2004(빌드 19041)부터 지원된다.[5] 또한 WSL 2는 정식으로 출시되어 사용 환경만 맞다면 언제든 쓸 수 있다.

---

4 옮긴이_ 2020년 가을에 X11 개발자 콘퍼런스(*https://www.youtube.com/watch?v=EkNBsBx501Q*)에서 WSL 2를 기반으로 이 문제를 완전히 해결하는 새로운 하위 시스템인 WSLg를 소개했다. WSLg는 2021년 연말에 출시가 예정된 새 버전의 윈도우 11 운영체제에 포함된다.

5 옮긴이_ 당초에는 윈도우 2004 버전에서만 사용 가능하도록 개발되었으나, 나중에 윈도우 1903과 1909에서도 실행할 수 있도록 개선되어 현재는 윈도우 1903과 1909 버전에서도 WSL 2를 사용할 수 있다.

- 마이크로소프트는 WSL이 애플리케이션 개발과 개발자들의 사용자 경험user experience(UX) 향상을 위해 만들어진 기술이며, 더 많은 사용 사례와 애플리케이션이 속하는 데스크톱 컴퓨터나 프로덕션 서버용으로는 설계되지 않았다고 언급한다.
- 마이크로소프트 윈도우에 새로운 실행 파일 형식과 리눅스 애플리케이션을 많이 도입한다면 엔드포인트endpoint 소프트웨어 보안 공급 업체에게 엄청난 부담을 줄 것이다. 2017년 엔드포인트 보안 회사인 체크포인트Check Point는 WSL의 기본 메커니즘을 악용하여 윈도우에서 ELF64 바이너리를 실행하는 배시웨어Bashware를 개발해서 WSL의 취약점을 소개했고 관련 연구 결과를 발표했다(*https://research.checkpoint.com/2017/beware-bashware-new-method-malware-bypass-security-solutions*).

연구원들은 WSL을 도구로 사용하여 리눅스 하위 시스템에서 윈도우를 공격하는 맬웨어malware를 실행할 수 있다는 점을 지적하였다. 그러나 마이크로소프트는 이러한 지적을 수용하기보다는 WSL이 방화벽과 바이러스 백신이 잘 작동할 수 있도록 만들기 위해 노력하고 있다.

1.6 주요 용어와 개념

1.6절에서는 WSL을 구성하는 몇 가지 주요 용어와 개념을 알아보자. [표 1-1]은 이 책에서 사용할 몇 가지 약어를 소개한다.

표 1-1 중요한 약어

약어	풀어쓴 말
NT	New Technology(새로운 기술)
Distro	Distribution Package(배포판 패키지)
OS	Operating System(운영체제)
VM	Virtual Machine(가상 머신)
WSL	Windows Subsystem for Linux(리눅스용 윈도우 하위 시스템)
ELF	Executable and Linkable Format(실행 가능하고 링크 가능한 형식)
PE	Portable Executable(이식 가능한 실행 파일)
API	Application Programming Interface(애플리케이션 프로그래밍 인터페이스)
PEB	Process Environment Block(프로세스 환경 블록)

이제 몇 가지 필수 용어, 개념, 정의를 빠르게 살펴보고 WSL에 대한 학습을 준비하면서 기반을 다질 것이다. 리눅스를 사용해본 적이 없는 사용자라면 이러한 개념이 익숙하지 않을 수 있다. 하지만 윈도우 측에서 보면 학습 속도를 높일 수 있다.

1.6.1 배포판

배포판은 오픈소스 소프트웨어 패키지, 도구, 라이브러리 모음으로 구성된 운영체제인 '리눅스 배포판'의 줄임말이다. 리눅스 사용자는 기본적으로 온라인에서 사용할 수 있는 다양한 배포판에서 원하는 리눅스 배포판을 다운로드하고 설치할 수 있다. WSL용 리눅스 배포판은 마이크로소프트 스토어에서 다운로드하거나 수동으로 다운로드할 수 있으며, 자세한 방법은 이 책의 뒷부분에서 다룬다. 이러한 배포판은 마이크로소프트가 아닌 파트너가 제공한다. 현재 500개가 넘는 리눅스 배포판이 있으며 대부분이 활발하게 개발되고 있다. 페도라Fedora, 오픈수세openSUSE, 우분투Ubuntu와 같은 일부 상용 배포판이 있다. 우분투는 그중에서도 가장 인기 있는 데스크톱 리눅스 배포판이다. 또한 일부 리눅스 배포판은 데비안Debian, 슬랙웨어Slackware, 젠투 리눅스Gentoo Linux, 아치 리눅스Arch Linux가 있고, 커뮤니티의 주도로 개발이 이루어지고 있다.

1.6.2 하위 시스템

처음부터 윈도우 NT는 Win32 하위 시스템 같은 여러 종류의 하위 시스템이 NT 커널과 공존하도록 설계된 역사를 가지고 있다. 운영체제의 맥락에서 보면, 하위 시스템은 마치 운영체제처럼 더 큰 소프트웨어에 포함되어 그 자체로 완결성이 있는 시스템이다.

윈도우 NT에서 이러한 하위 시스템은 사용자 모드 애플리케이션과 운영체제 커널 기능 사이의 인터페이스 역할을 하며, 둘 이상의 하위 시스템이 존재하면서 다양한 종류의 운영체제용으로 작성된 애플리케이션을 지원하기 위해 완전히 다른 API 집합을 구현한다. 윈도우 10 운영체제에서는 32비트 윈도우 애플리케이션을 실행할 수 있는 Win32 하위 시스템만 존재한다. 한때 OS/2 하위 시스템과 POSIX 하위 시스템이 제공된 적이 있지만, 지금은 개발이 중단되어 더 이상 존재하지 않는다.

1.6.3 커널

최신 운영체제는 여러 계층으로 구성되며, 커널은 [그림 1-3]에서 볼 수 있듯이 운영체제의 핵심 구성 요소다. 이 구성 요소에 '커널'이라는 이름을 쓰게 된 배경은 마치 딱딱한 껍질을 가진 열매 안의 씨앗처럼, 리눅스 커널이 리눅스 운영체제 내에 핵심 구성 요소로 존재하기 때문이다. 커널은 주로 사용자 애플리케이션과 하드웨어 간의 인터페이스 역할을 한다.

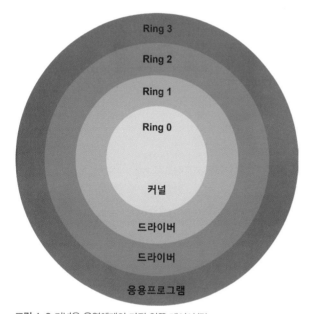

그림 1-3 커널은 운영체제의 가장 안쪽 레이어/링

[그림 1-3]에서 가장 바깥쪽 링에는 최소한의 권한만이 부여된다. 즉, Ring 3의 애플리케이션은 신뢰도가 가장 낮고, 중요한 작업을 수행하기 위해서는 더 높은 권한을 부여받아야 한다. 반면 커널은 가장 많은 권한을 부여받으며, 가장 신뢰할 수 있는 Ring 0을 나타내는 가장 안쪽 링에 속한다.

이 구조의 주된 목적은 하드웨어-소프트웨어 통신을 용이하게 하고, 다음과 같은 여러 가지 로레벨low-level의 작업을 수행하는 것이다.

- 프로세스 관리
- 인터럽트 처리
- 메모리 관리

- 장치 관리
- 입출력 통신
- 파일 시스템

컴퓨터 시스템이 시작되면 부트로더^{bootloader}는 먼저 메인 메모리에 커널을 불러온다. 커널은 메모리 안에 남아서 기본적인 필수 서비스들을 지원해야 하고, 커널이 실행 중인 다른 프로그램에 의해 메모리 공간이 침범당하는 문제가 발생하지 않도록 반드시 보호 모드로 실행되어야한다.

1.6.4 커널 모드

커널 모드에서 실행되는 프로그램이나 명령어는 하드웨어에 대해 아무런 제한 없이 모든 것을 실행할 수 있다. 보통 커널 모드는 운영체제의 가장 중요한 로 레벨^{low-level}의 기능을 위해 예약되어 있다. 여기서 발생하는 충돌은 치명적일 수 있으며, 전체 시스템을 중단시킬 수도 있다. 모든 사용자 프로세스는 시스템 호출을 받을 때까지 사용자 모드에서 실행된다. 모든 시스템 호출은 시스템 트랩이 생성되고 모드 비트가 0으로 설정된 커널 모드에서 실행된다. 실행이 완료되면 모드 비트를 1로 설정하기 위해 다른 시스템 트랩이 생성된다. [그림 1-4]는 커널 모드와 사용자 모드 간의 관계를 보여준다.

1.6.5 사용자 모드

컴퓨터 시스템에서 실행되는 대부분의 프로그램과 코드는 시스템 하드웨어에 직접 접근할 수 없다. 반드시 시스템 API를 통해서만 리소스에 접근할 수 있는 사용자 모드에서 실행된다. 이러한 격리는 컴퓨터 시스템 아키텍처 내에서 둘 이상의 계층적 권한 수준^{hierarchical permission level} 중 하나인 보호 링^{protection ring}을 사용하여 설계되고 보호된다. 이는 사용자 모드(대개는 가장 바깥쪽 보호 링)에서 발생하는 모든 충돌이 권한 수준 제한으로 인해 시스템에 영향을 미치지 않으며, 이상 상태를 복구할 수 있도록 하기 위한 것이다. 이러한 설계는 중요한 운영체제 파일을 사용자 데이터로 덮어씀으로써 실수로 삭제하는 것을 막거나, 두 개 이상의 프로세스가 같은 파일에 쓰거나 작업을 수행하려고 시도했다가 실패하는 것과 같은 충돌 상황을 막기 위함이다.

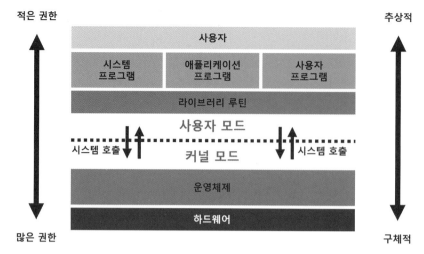

그림 1-4 사용자 모드와 커널 모드

1.6.6 시스템 호출

쉽게 설명하면, 시스템 호출은 기본 운영체제와 상호작용하기 위해 사용자 모드 프로그램에서 호출할 수 있는 커널에서 제공하는 일종의 서비스이다. 컴퓨팅 관점에서 시스템 호출은 컴퓨터 프로그램이 애플리케이션 프로그래밍 인터페이스application programming interface(API)를 통해 실행 중인 운영체제의 커널에서 제공하는 서비스를 프로그래밍 방식으로 요청하는 방법이다. 시스템 호출은 메모리, 프로세스, 파일 등과 같은 시스템의 리소스에 접근하기 위한 커널 시스템의 진입점이다.

[표 1-2]는 시스템 호출이 제공하는 서비스의 종류와 사용 가능한 유형을 이해하기 쉽도록 정리한 것이며, 윈도우와 유닉스 시스템 호출 간의 대응 관계를 나타낸 것이다.

표 1-2 윈도우와 유닉스 시스템 호출의 대응 관계

카테고리	윈도우 시스템 호출	유닉스 시스템 호출
프로세스 관리	CreateProcess()	fork()
	ExitProcess()	exit()
	WaitForSingleObject()	wait()

카테고리	윈도우 시스템 호출	유닉스 시스템 호출
파일 처리	CreateFile()	open()
	ReadFile()	read()
	WriteFile()	write()
	CloseHandle()	close()
장치 관리	SetConsoleMode()	ioctl()
	ReadConsole()	read()
	WriteConsole()	write()
통신	CreatePipe()	pipe()
	CreateFileMapping()	shmget()
	MapViewOfFile()	mmap()
접근과 보호	SetFileSecurity()	chmod()
	InitializeSecurityDescriptor()	umask()
	SetSecurityDescriptorGroup()	chown()
기타	GetCurrentProcessID()	getpid()
	SetTimer()	alarm()
	Sleep()	sleep()

1.6.7 윈도우 NT 커널

마이크로소프트의 윈도우 운영체제를 사용하는 컴퓨터 시스템은 윈도우 NT라고 부르는 커널을 탑재하고 있다. 초창기 윈도우 NT는 워크스테이션용과 서버 컴퓨터용으로 나뉘어 출시되었다. 이 제품은 MS-DOS를 기반으로 한 윈도우 운영체제를 대체했고, 지금 우리가 사용하는 윈도우 10 운영체제의 기반이 되었다.

윈도우 운영체제의 아키텍처는 여러 컴포넌트가 결합되어 있는 형태이지만, 크게 나눠보면 사용자와 커널 모드로 구분된다.

- 하드웨어 추상화 계층hardware abstraction layer (HAL)은 실제 하드웨어와 운영체제의 상위 계층 사이를 이어주는 소프트웨어 계층이다.
- 윈도우 커널

- 커널 모드 드라이버
- 커널 모드 실행 서비스가 존재하며 다음의 작업을 처리
    - 개체 관리
    - 메모리 관리
    - 프로세스 관리와 스레드 관리
    - 입출력 관리
    - 커널 모드에서 작동하는 구성 관리 드라이버, 그리고 그 외의 지원 서비스
- 사용자 모드 드라이버
- 사용자 모드 환경 하위 시스템

> **NOTE_** 대부분의 드라이버는 안정성을 위하여 사용자 모드에서 실행되지만, 비디오 드라이버와 몇몇 예외적인 경우 사용자 모드와 커널 모드에 각각 나뉘어 동작하여 성능 문제를 해결하도록 만들어졌다. 이러한 성능 문제는 윈도우 비스타Windows Vista 출시 이후 사용자 모드에서만 동작하도록 제한했을 때 발생하는 성능 문제를 말한다. 아직 이런 종류의 드라이버는 어느 위치에 배치되어야 하는지 명확한 기준이 없으며, 계속해서 토론과 실험이 반복되고 있는 주제다.

1.6.8 리눅스 커널

리눅스 커널은 리눅스 운영체제의 핵심 구성 요소로, 시스템 하드웨어와 프로세스 간의 인터페이스 역할을 한다. 리눅스 커널이 인기 있는 가장 큰 이유는 전 세계 누구나 프로젝트에 참여할 수 있는 오픈소스 프로젝트라는 것이다. 윈도우 NT 커널과 리눅스 커널의 가장 큰 차이점은 다음과 같다. 윈도우 커널은 상용 소프트웨어(운영체제)와 함께 제공되는 반면, 리눅스 커널은 오픈소스며 누구나 무료로 다운로드할 수 있다.

WSL 2가 출시된 후, 마이크로소프트는 윈도우 운영체제와 함께 윈도우 업데이트Microsoft Update를 통해 업데이트하고, 마이크로소프트가 온전히 관리하는 완전한 리눅스 커널을 같이 배포하고 있다.

1.6.9 ELF

ELF^{Executable and Linkable Format}는 실행 파일, 개체 코드, 공유 라이브러리, 코어 덤프에 대한 일반적인 표준 파일 형식인 실행 파일과 연결 형식을 나타낸다. ELF는 유연하고 확장 가능하며, 여러 플랫폼을 지원할 수 있도록 설계되었다. 즉, 특정 프로세서, 명령어 세트 또는 하드웨어 아키텍처로 제한되지 않도록 설계되었다. 이를 통해 다양한 하드웨어 플랫폼의 다양한 운영체제에서 ELF 형식을 채택할 수 있었다.

ELF 파일 형식을 사용하는 실행 파일은 ELF 헤더와 파일 데이터로 구성되며 다음을 포함할 수 있다.

- **프로그램 헤더 테이블**: 0개 이상의 메모리 세그먼트를 나열한다. 이러한 메모리 세그먼트에는 파일의 런타임 실행에 필요한 정보가 포함되어 있다.
- **섹션 헤더 테이블**: 0개 이상의 섹션을 나열한다. 연결과 재배치에 대한 중요한 데이터를 포함한다.
- **파일 데이터**: 프로그램 헤더 또는 섹션 헤더 테이블에서 참조되는 데이터다.

1.6.10 PICO 프로세스

격리된 환경에서 애플리케이션을 실행하는 기존의 사용 사례를 보면 특정 운영체제와 함께 설치된 가상 머신을 사용하여 기본 호스트 운영체제 종속성에서 애플리케이션을 분리했다. 이 방식은 문제없이 잘 작동했고, 기본 운영체제와 독립적인 애플리케이션에 대한 안전한 격리를 제공하며, 호환성과 실행 연속성을 제공하여 애플리케이션을 다른 운영체제나 컴퓨터로 이동할 수 있는 기능을 제공했다.

이러한 장점에도 불구하고 가상 머신에는 디스크, 메모리, CPU 등의 측면에서 많은 리소스 오버헤드가 있다. 따라서 마이크로소프트는 기본 호스트 운영체제에서 분리된 애플리케이션의 운영체제 종속성을 사용하여 격리된 환경에서 애플리케이션을 실행하기 위해 더 가벼운 접근 방식을 구현하는 것을 목표로 정했다. 여기에 맞추어 새로운 컴퓨팅 방법을 개발할 목적으로 '드로우브리지'라는 프로젝트를 연구하기 시작했다. 드로우브리지 프로젝트는 두 가지 핵심 기술을 결합한다.

1 **PICO 프로세스**: 프로세스 기반 격리 컨테이너
2 **라이브러리 운영체제**: 기본 운영체제와 독립적으로 실행되는 애플리케이션을 위해 맞추어진 운영체제다. WSL용으로 만들어진 WSL 배포판 패키지가 바로 여기에 해당한다.

PICO 프로세스는 프로세스 안의 사용자 모드 주소 공간을 라이브러리 운영체제가 관리하기 위해 만들어졌다. PICO 프로세스는 호스트 운영체제 커널과 라이브러리 운영체제 사이에 중개인 역할을 하는, 커널 모드 드라이버와 함께 작동하는 일반 호스트 프로세스의 축소판이다.

또한 PICO 프로세스는 일반 NT 프로세스가 아닌 최소 프로세스로 표기되어 호스트에서 이들 프로세스를 직접 관리하지 않도록 하며, 라이브러리 운영체제에서도 PICO 프로세스는 직접 관리하지 않게 된다. 기존의 NT 프로세스와 달리 최소 프로세스는 생성될 때 기본 실행 스레드가 생성되지는 않으며, 사용자 모드 주소 공간은 그대로 유지된다. 다시 말해 PICO 프로세스는 커널 모드 드라이버와 관련된 최소한의 프로세스다.

1.7 마무리

1장에서는 WSL의 아키텍처가 무엇인지와 구성 요소, 장점과 단점에 대해 배웠다. 또한 윈도우, 리눅스 운영체제와 관련된 몇 가지 중요한 키워드, 개념, WSL의 내부 구조를 이해하는 데 도움이 되는 PICO 프로세스 등 몇 가지 핵심 용어와 개념을 살펴보았다.

다음 장에서는 윈도우 10 운영체제에 WSL을 설치하고 설정하는 방법을 알아보자.

## CHAPTER 2

다운로드, 설치와 설정

리눅스용 윈도우 하위 시스템(WSL)은 시스템 호출을 변환하는 호환성 계층으로 작동하지만, 사용하기 앞서 별도로 활성화해야만 하는 기능이다. 그다음 마이크로소프트 스토어에서 리눅스 배포판을 설치하고, 바로 사용하기에 앞서 설정해야 한다. 지금 이야기한 과정을 한 단계씩 진행해보도록 하자.

2.1 WSL 기능 활성화하기

WSL은 호스트 운영체제 수준에서 활성화되어야 하며, 크게 두 가지 방법 중 하나를 택할 수 있다. 하나는 그래픽 사용자 인터페이스(GUI)를 사용하는 것이고, 다른 하나는 파워셸PowerShell을 사용하는 것이다. WSL을 활성화하기 전에 WSL을 실행하려고 하면 [그림 2-1] 과 같은 오류 메시지를 보게 될 것이다. 이 이미지는 WSL 기능을 활성화하지 않은 상태에서 어떤 오류 메시지가 나타나는지를 보이기 위해 따로 캡처한 화면이다. WSL 기능을 켜지 않은 상태에서 리눅스 배포판을 설치한 후 실행하려 했을 때의 상황을 필자의 컴퓨터에서 재현했다.

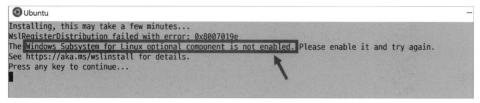

그림 2-1 WSL 기능이 활성화되지 않은 상태

우선 첫 번째 방법을 살펴보자.

2.1.1 GUI 방식

GUI 방식으로 WSL을 활성화하려면 다음의 순서를 따른다.

1 [윈도우]와 [R] 키를 동시에 눌러 실행 대화 상자를 띄운다.

2 그다음 [그림 2-2]처럼 appwiz.cpl을 입력하고 [엔터] 키를 누르거나, [확인] 버튼을 클릭한다.

그림 2-2 '프로그램 및 기능' 실행

3 그다음에는 '프로그램 및 기능' 창이 나타나며, [그림 2−3]과 같이 창 화면의 왼쪽 상단 구석의 [Windows 기능 켜기/끄기] 링크를 클릭한다.

그림 2-3 [Windows 기능 켜기/끄기] 링크 클릭

4 새로 'Windows 기능 켜기/끄기' 창이 나타날 것이다. 아래로 스크롤하여 'Linux용 Windows 하위 시스템'의 체크 상자를 선택하여 체크 표시한다(그림 2−4).

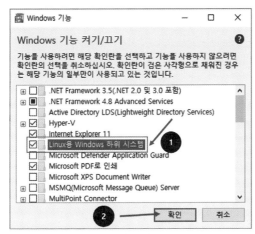

그림 2-4 WSL 기능 확인란을 클릭

5 이제 윈도우 기능이 활성화될 것이다. 하지만 시스템을 다시 시작해야 변경된 설정이 반영된다. 시스템을 다시 시작하면 [그림 2-1]과 같은 오류 없이 정상적으로 WSL을 실행할 수 있다.

이제 파워셸을 이용하는 방법을 살펴보자.

2.1.2 파워셸 사용하기

파워셸을 사용하여 WSL을 활성화하는 방법은 간단하다.

1 다음의 명령어를 실행하는 것이 가장 간편한 방법이다.

```
Enable-WindowsOptionalFeature -Online -FeatureName `
    Microsoft-Windows-Subsystem-Linux
```

2 명령어를 실행하면 [그림 2-5]처럼 시스템을 다시 시작하는 것이 필요하고, 지금 다시 시작할 것인지를 묻는 프롬프트가 나타난다. 여기서 'Y'를 입력하고 [엔터] 키를 누르면 윈도우 기능이 활성화된다.

그림 2-5 'Y'를 입력하여 기능 활성화

2.2 리눅스 배포판 다운로드하고 설치하기

WSL을 활성화한 다음에는, 우분투, 데비안, 칼리 리눅스^{Kali Linux} 등 마이크로소프트의 파트너가 제공하는 WSL용 리눅스 배포판 패키지를 설치해야 한다. 배포판 패키지를 다운로드하는 방법은 여러 가지가 있으며 그중 몇 가지를 골라 상세한 방법을 설명할 것이다.

2.2.1 마이크로소프트 스토어에서 다운로드하기

리눅스 배포판은 다음과 같이 마이크로소프트 스토어^{Microsoft Store}에서 직접 다운로드하여 설치할
수 있다.

1 시작 메뉴에서 'Microsoft Store'라고 검색어를 입력하고 [Microsoft Store] 항목을 클릭하면 스토어
애플리케이션이 열린다.

2 오른쪽 상단 구석에 있는 검색 상자(1단계)에서 'Linux'를 입력한다. 검색 결과에서 리눅스 배포판 패키지
들을 찾아볼 수 있을 것이다.

3 이 책에서는 우분투 18.04 LTS(배포판)를 마이크로소프트 스토어에서 설치하기 위해 [그림 2-6]처럼 해
당 항목을 클릭한다.

그림 2-6 배포판을 검색하고, 해당 항목을 클릭

4 배포판 페이지가 나타나면 화면에서 [설치] 버튼을 클릭한다(그림 2-7). 그러면 시스템에 배포판이 설치되며, 윈도우에서 애플리케이션의 모습으로 나타난다.

그림 2-7 [설치] 버튼 클릭

2.2.2 수동으로 배포판 다운로드하기

마이크로소프트는 사람들이 많이 찾는 리눅스 배포판을 직접 다운로드할 수 있는 다운로드 링크 주소를 $https://aka.ms$와 같은 형태의 주소로 [표 2-1]과 같이 제공한다.[1] 다음 주소 중 원하는 리눅스 배포판을 다운로드할 수 있는 주소를 하나 골라서 다운로드할 수 있으며, 이 방법은 마이크로소프트 스토어가 그룹 정책에 의하여 제한된 경우 유용하게 활용할 수 있다.[2]

---

1 옮긴이_ 최신 목록은 https://docs.microsoft.com/en-us/windows/wsl/install-manual#downloading-distributions에서 확인할 수 있다.
2 옮긴이_ 윈도우 서버에서 WSL을 설치해서 사용하려고 할 때에도 동일하게 적용된다.

표 2-1 리눅스 배포판의 종류와 직접 다운로드할 수 있는 주소

배포판 이름	다운로드 주소
우분투 20.04	*https://aka.ms/wslubuntu2004*
우분투 20.04 ARM	*https://aka.ms/wslubuntu2004arm*
우분투 18.04	*https://aka.ms/wsl-ubuntu-1804*
우분투 18.04 ARM	*https://aka.ms/wsl-ubuntu-1804-arm*
우분투 16.04	*https://aka.ms/wsl-ubuntu-1604*
데비안 GNU/리눅스	*https://aka.ms/wsl-debian-gnulinux*
칼리 리눅스	*https://aka.ms/wsl-kali-linux*
오픈수세 립 42	*https://aka.ms/wsl-opensuse-42*
SUSE 리눅스 엔터프라이즈 12	*https://aka.ms/wsl-sles-12*
WSL용 페도라 리믹스	*https://github.com/WhitewaterFoundry/Fedora-Remix-for-WSL*

다운로드가 완료되면, 애플리케이션 패키지(***.appx**) 파일로 리눅스 배포판 패키지를 설치할 수 있다(그림 2-8).

그림 2-8 다운로드한 배포판 애플리케이션 패키지(*.appx) 설치

2.2.3 파워셸을 사용하여 다운로드하기

WSL 배포판 패키지는 파워셸의 Invoke-WebRequest 명령어에 '-URI' 파라미터로 다운로드하려는 파일의 주소를 전달해 쉽게 다운로드할 수 있다.[3] [예제 2-1]의 파워셸 스크립트 코드는 우분투 18.04 애플리케이션 패키지를 어떻게 다운로드하는지 자세히 보여준다. 비슷한 방법으로 앞에서 언급한 다른 주소를 대입하여 여러 WSL 배포판 패키지를 다운로드할 수도 있다. 진행률 표시기는 $ProgressPreference = 'SilentlyContinue'; 구문을 사용하여 감출 수 있으며, 이렇게 하면 파워셸 5.1과 그 이전 버전에서는 진행률 표시기 때문에 다운로드 속도가 느려지는 문제를 예방할 수 있다.

파워셸 콘솔을 관리자 권한으로 실행하고, 다음의 코드 조각을 붙여 넣은 다음, [엔터] 키로 한 번에 실행할 수 있다.

예제 2-1 우분투 리눅스 18.04 배포판을 다운로드하는 파워셸 스크립트

```
$URL = 'https://aka.ms/wsl-ubuntu-1804'
$Filename = "$(Split-Path $URL -Leaf).appx"
$ProgressPreference = 'SilentlyContinue'

# URL에서 파일을 다운로드한다.
$Params = @{
    URI = $URL
    OutFile = $Filename
    UseBasicParsing = $true
}
Invoke-WebRequest @Params

# 애플리케이션 패키지를 호출하여
# 설치를 시작한다.
Invoke-Item $FileName
```

이 코드를 실행하면 우분투 18.04 LTS 애플리케이션을 wslubuntu-1804.appx라는 파일로 다운로드하여 저장할 것이다. 다운로드 완료 후, Invoke-Item 명령어에 현재 디렉터리에 받

---

3 옮긴이_ 윈도우 서버에서 WSL을 사용하기 위해 이 절의 내용을 따라 할 수 있다. 이때 윈도우 서버에서 데스크톱 경험을 제외하고 설치했을 경우, WSL 패키지를 이 명령어로 다운로드하려고 할 때는 추가로 -UseBasicParsing 파라미터도 지정해야 한다. 데스크톱 경험을 제외하면, Invoke-WebRequest 명령어가 기본으로 의존하는 인터넷 익스플로러의 인터넷 API가 시스템에서 제외되기 때문이며, 이 파라미터를 지정하여 닷넷의 자체적인 HTTP 프로토콜 구현을 대신 사용하여 다운로드를 처리한다.

은 .appx 파일의 경로를 지정하고 애플리케이션 설치 GUI를 호출한다. 그리고 [그림 2-9]처럼 [Install]을 클릭하면 설치가 진행된다.

그림 2-9 [Install] 버튼을 클릭하여 배포판 설치 시작

또는 현재 사용자 계정 명의로 여러 개의 웹 주소를 반복하며 패키지 파일을 하나씩 다운로드하고, 파워셸의 **Add-AppxPackage** 명령어에 다운로드한 각 애플리케이션 패키지(***.appx**)의 경로를 전달하여 한 번에 설치하도록 만들 수 있다.

예제 2-2 현재 사용자 계정에 모든 주요 리눅스 배포판을 한 번에 추가하는 스크립트[4]

```
$URLs = @(
    "https://aka.ms/wsl-ubuntu-1804",
    "https://aka.ms/wsl-ubuntu-1804-arm",
    "https://aka.ms/wsl-ubuntu-1604",
    "https://aka.ms/wsl-debian-gnulinux",
    "https://aka.ms/wsl-kali-linux",
    "https://aka.ms/wsl-opensuse-42",
    "https://aka.ms/wsl-sles-12"
)

$ProgressPreference = 'SilentlyContinue'
```

---

4 옮긴이_ 이 스크립트를 실행했을 때 모두 설치에 성공하는 것은 아니다. 인텔 프로세서를 쓰는 컴퓨터에서는 ARM 패키지를 설치하려고 할 때 CPU 아키텍처가 다르기 때문에 설치에 실패한다. 반대로 서피스 프로 X와 같은 컴퓨터에서는 ARM 패키지만이 설치에 성공할 것이다.

```
$ErrorActionPreference = 'Stop'
Foreach ($URL in $URLs) {
    $Filename = "$(Split-Path $URL -Leaf).appx"
    Write-Host "Downloading: $Filename" -Foreground Yellow -NoNewline
    try {
        $params = @{
            Uri = $URL
            Outfile = $Filename
            UseBasicParsing = $true
        }
        Invoke-WebRequest @params
        Add-AppxPackage -Path $Filename

        if ($?) {
            Write-Host " Done" -Foreground Green
        }
    }
    catch {
        Write-Host " Failed" -Foreground Red
    }
}
```

만약 파워셸 코드가 정상적으로 실행되면 [그림 2-10]처럼 모든 리눅스 배포판을 한 번에 설치하며, 시작 메뉴에서 최근에 추가된 애플리케이션 목록에 모든 리눅스 배포판이 나타나는 것을 볼 수 있다.

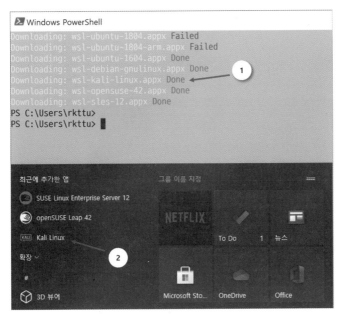

그림 2-10 시작 메뉴에서 살펴보는 리눅스 배포판

2.2.4 curl.exe를 사용하여 다운로드하기

컬^{Curl}이라고 불리는 **curl.exe** 유틸리티는 웹 요청을 수행하고 명령 줄에서 데이터를 전송하는 데 사용되는 매우 인기 있는 오픈소스 명령 줄 유틸리티다.[5] URL을 다음과 같이 **curl.exe**로 전달하면 WSL 배포판 패키지를 로컬 컴퓨터에 다운로드할 수 있다.

```
curl.exe -L -o wsl-kali-linux.appx https://aka.ms/wsl-kali-linux
```

[그림 2-11]은 리눅스 배포판 패키지에 대한 다이렉트 URL$^{direct\ URL}$을 사용하여 **curl.exe**를 실행하는 모습을 보여준다. 패키지를 다운로드하여 '**-o**' 스위치에 전달된 로컬 경로에 저장한다. 예제에서 **wsl-kali-linux.appx**로 출력 파일 이름을 지정했다. 이처럼 필요에 따라 이름을 임의로 지정할 수 있다. 출력 파일은 별도의 파일로 기록된다. **curl.exe**를 사용하면 (앞에

---

5 옮긴이_ 윈도우 10은 2018년 4월에 업데이트된 이후부터 curl.exe를 비롯한 몇 가지 유명한 오픈소스 유틸리티를 기본으로 포함한다.

서 사용한) 파워셸 명령어가 작동하지 않는 bash 스크립트에서 WSL 배포판 패키지를 다운로드하고 설정할 때 유용하다.

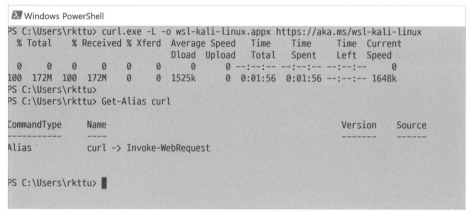

> Windows PowerShell
>
> ```
> PS C:\Users\rkttu> curl.exe -L -o wsl-kali-linux.appx https://aka.ms/wsl-kali-linux
>   % Total    % Received % Xferd  Average Speed   Time    Time     Time  Current
>                                  Dload  Upload   Total   Spent    Left  Speed
>   0     0    0     0    0     0      0        0 --:--:-- --:--:-- --:--:--     0
> 100  172M  100  172M    0     0   1525k        0  0:01:56  0:01:56 --:--:--  1648k
> PS C:\Users\rkttu>
> PS C:\Users\rkttu> Get-Alias curl
>
> CommandType     Name                                               Version    Source
> -----------     ----                                               -------    ------
> Alias           curl -> Invoke-WebRequest
>
>
> PS C:\Users\rkttu>
> ```

그림 2-11 curl을 사용하여 리눅스 배포판 패키지 다운로드

> NOTE_ curl이 아닌 'curl.exe'를 실행하고 있다는 점에 주의하기 바란다. 파워셸에서 curl은 완전히 다른 'Invoke-WebRequest' 명령어의 별칭으로 해석되기 때문이다.

2.3 WSL 구성하고 설정하기

이전 절에서는 시스템에 WSL을 다운로드하고 설치하는 다양한 방법을 배웠다. 다음은 WSL을 처음 사용하기 위해 준비하고 구성하는 방법을 배울 것이다. 시작하기 전에, WSL에서 실행되는 리눅스 배포판을 시작하는 다양한 방법을 살펴보자.

2.3.1 배포판 실행하기

리눅스 배포판은 애플리케이션의 형태로 시작하거나, 리눅스 배포판별 실행 파일을 통해 실행하거나, wsl.exe를 사용하여 시작할 수도 있다. 각각의 접근 방식을 하나씩 살펴보자.

애플리케이션으로 실행하기

애플리케이션의 형태로 시작하려면, 시작 메뉴에서 [그림 2-12]처럼 'Ubuntu'와 같은 배포판 이름을 입력한다.

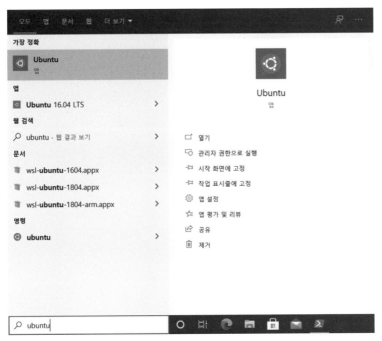

그림 2-12 시작 메뉴에서 리눅스 배포판 이름 검색

이제 [그림 2-12]에 볼 수 있듯이, 'Ubuntu' 애플리케이션을 클릭하여 WSL을 처음으로 시작한다. 처음 사용할 배포판을 준비하고 초기화하면 몇 분 동안 기다리라는 메시지가 표시된다.

wsl.exe로 시작하기

WSL 배포판은 `wsl.exe`를 통해 시작할 수도 있다. 이 실행 파일을 매개변수 없이 실행하면 기본 배포판 패키지가 시작된다(그림 2-13).

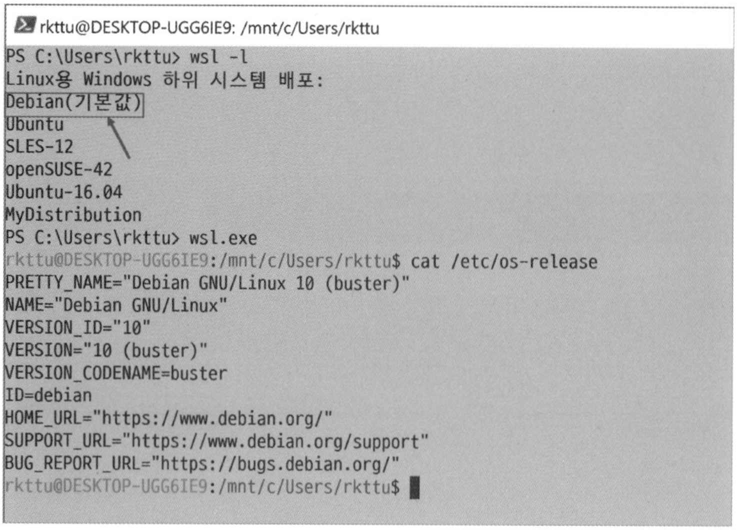

```
⚡ rkttu@DESKTOP-UGG6IE9: /mnt/c/Users/rkttu
PS C:\Users\rkttu> wsl -l
Linux용 Windows 하위 시스템 배포:
Debian(기본값)
Ubuntu
SLES-12
openSUSE-42
Ubuntu-16.04
MyDistribution
PS C:\Users\rkttu> wsl.exe
rkttu@DESKTOP-UGG6IE9:/mnt/c/Users/rkttu$ cat /etc/os-release
PRETTY_NAME="Debian GNU/Linux 10 (buster)"
NAME="Debian GNU/Linux"
VERSION_ID="10"
VERSION="10 (buster)"
VERSION_CODENAME=buster
ID=debian
HOME_URL="https://www.debian.org/"
SUPPORT_URL="https://www.debian.org/support"
BUG_REPORT_URL="https://bugs.debian.org/"
rkttu@DESKTOP-UGG6IE9:/mnt/c/Users/rkttu$ █
```

그림 2-13 wsl.exe를 사용하여 기본 리눅스 배포판 시작

시스템에 설치된 모든 배포판 패키지를 나열하고 기본 배포판이 무엇인지 확인하려면, --list 또는 -l을 사용하여 wsl.exe를 실행한다.

```
wsl.exe -list
wsl.exe -l
```

종종 특정 배포판 패키지를 실행해야 할 때가 있다. 이때는 [그림 2-14]에 표시된 대로 --distribution 또는 -d 매개변수를 wsl.exe와 함께 사용하면서 배포판의 이름을 인수로 전달할 수 있다(예제 2-3).

예제 2-3 특정 리눅스 배포판 실행

```
C:\>wsl.exe -l
Windows Subsystem for Linux Distributions:
Ubuntu-18.04 (Default)
openSUSE-42
SLES-12
kali-linux

C:\>wsl.exe --distribution kali-linux
C:\>wsl.exe -d sles-12
```

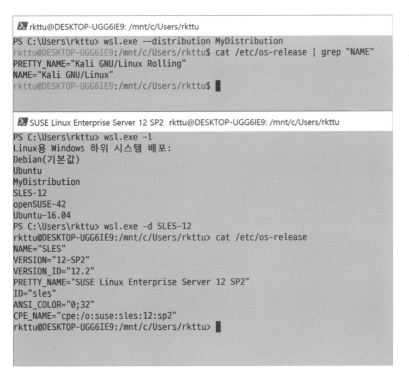

그림 2-14 wsl.exe를 사용하여 특정 리눅스 배포판 시작

이 책의 뒷부분에서 **wsl.exe**가 허용하는 다른 기능과 명령 줄 인수에 대해 자세히 살펴보자. 지금은 다음과 같이 **wsl.exe**를 사용하여 리눅스 배포판을 호출하는 데 필요한 몇 가지 중요한 내용을 알아보자.

1 WSL은 CMD 또는 파워셸 프롬프트의 현재 작업 디렉터리에서 배포판을 실행한다.

2 wsl.exe를 통해 호출된 리눅스 배포판은 해당 배포판의 기본 사용자로 실행되지만, 배포판 안의 특정 사용자의 이름을 -user 또는 -u 스위치와 함께 인수로 전달하여 해당 동작을 변경할 수 있다.

```
wsl.exe --distribution Ubuntu-18.04 --user prateek
```

3 wsl.exe를 통해 호출된 리눅스 배포판은 배포판을 실행할 때 사용된 호출 프로세서나 터미널이 윈도우 운영체제상에서 획득한 것과 같은 권한을 가진 상태로 실행된다.

별도 실행 파일로 실행하기

모든 리눅스 배포판은 [그림 2-15]처럼 각각의 실행 파일을 사용하여 쉽게 시작할 수 있다. 이 파일은 모두 C:\Users\{username}\AppData\Local\Microsoft\WindowsApps 폴더에 있다. 다음은 직접 시도해볼 수 있는 몇 가지 예이다(예제 2-4).[6]

예제 2-4 실행 파일을 통해 리눅스 배포판 실행

```
# 우분투 18.04 실행
ubuntu1804.exe

# 칼리 리눅스 실행
kali.exe

# 오픈수세 42 실행
openSUSE-42.exe
```

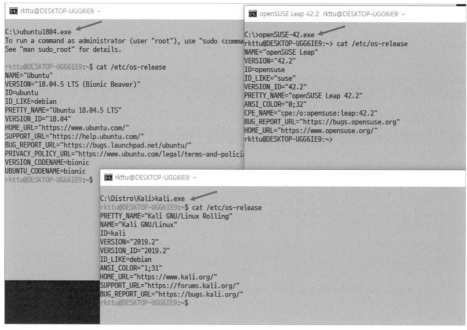

그림 2-15 실행 파일을 사용하여 배포판 시작

---

6 옮긴이_ 모든 WSL용 리눅스 배포판에 해당되지는 않는다. .appx 또는 .msix 패키지 형식으로 설치된 WSL 배포판 중 별도의 WSL 런처를 포함하는 배포판에 한정하여 유효한다는 것을 주의하도록 하자.

여기서는 WSL에서 리눅스 배포판을 실행하는 다양한 접근 방식을 배웠다. 어떤 방법으로 실행하든 맨 처음에 리눅스 배포판을 호출하면, 사용자에게 '배포판 안에서 사용할 사용자 계정을 만들라'는 메시지를 표시한다. 이제 WSL에서 사용자 계정을 관리하는 방법을 알아보자.

2.4 사용자 계정 구성 및 관리하기

사용자 계정 생성은 WSL에서 새 리눅스 배포판을 설정하는 첫 번째 단계이다. [그림 2-16]과 같이 배포판의 초기화가 완료되면 암호를 사용하여 새 사용자 계정을 만들라는 메시지가 표시된다. 이 사용자 계정은 배포판의 기본 사용자로 자동 선택되고 리눅스 관리자로 sudo 그룹에 추가된다. 사용자 계정 구성은 배포판을 설치, 재설치 또는 재설정할 때마다 필요하다.

> **NOTE_** 암호를 입력할 때는 보안상의 이유로 콘솔에 표시되지 않는다. 그러나 모든 키 입력을 시스템이 인지하고 있으므로 원하는 암호를 입력하고 [엔터] 키를 누르도록 한다.

```
◉ rkttu@DESKTOP-UGG6IE9: ~

Installing, this may take a few minutes...
Please create a default UNIX user account. The username does not need to match your Windows username.
For more information visit: https://aka.ms/wslusers
Enter new UNIX username: rkttu
Enter new UNIX password:
Retype new UNIX password:
passwd: password updated successfully
Installation successful!
To run a command as administrator (user "root"), use "sudo <command>".
See "man sudo_root" for details.

rkttu@DESKTOP-UGG6IE9:~$ cat /etc/group | grep sudo
sudo:x:27:rkttu
rkttu@DESKTOP-UGG6IE9:~$ █
```

그림 2-16 배포판 초기화 중 사용자 계정 설정

기본적으로 암호는 배포판을 시작할 때 필요하지 않지만, sudo 명령을 사용하여 특정 프로세스의 권한을 높일 때 필요하다.

리눅스에서 현재 사용자 암호를 변경하려면, 리눅스 배포판(예: 우분투)을 열고 passwd 명령을 입력한다. [그림 2-17]과 같이 현재 암호를 입력하라는 메시지가 표시되고 현재 암호를 정확하게 입력하면 다시 확인을 요청할 것이다.

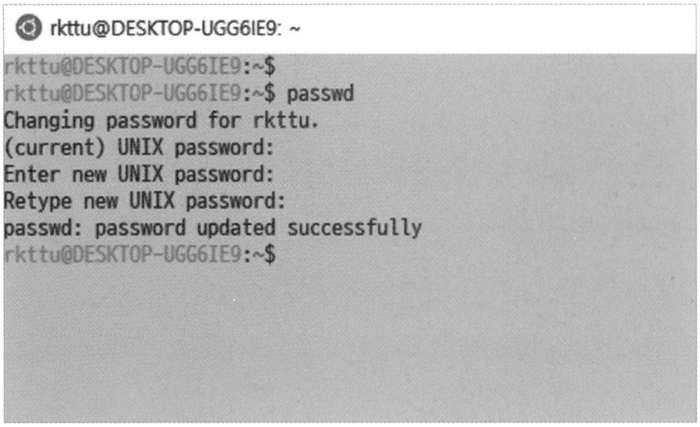

그림 2-17 비밀번호 재설정

특정 리눅스 배포판에 대한 암호를 잊어버렸다면, 시작 메뉴에서 파워셸 또는 명령 프롬프트를 열고 다음 명령을 실행하여 원하는 WSL 배포판에서 루트 사용자로 실행한다.

```
wsl -u root -d <name of distribution>
```

루트 사용자로 WSL 배포판을 실행했으면, 다음 예제와 같이 암호를 재설정하려는 사용자의 이름과 함께 passwd 명령을 사용한다.

```
passwd prateek
```

루트 사용자를 활용하지 않으면, 처음에 잊어버린 현재 암호를 입력하지 않고는 다른 사용자의 암호를 재설정할 수 있는 권한이 없으므로 다른 방법이 없다.

2.4.1 권한 모델

WSL상의 유닉스 사용자는 리눅스 배포판에서 권한을 높이는 데 필요한 윈도우 권한 모델과는 무관한 독립적인 비 윈도우 사용자 계정이다. WSL 안의 리눅스와 윈도우 운영체제 사이에는 각각 두 가지 별도의 권한 모델이 있으며 서로 독립적이다. 즉, 리눅스 환경 안의 관리자는 리눅스 환경에서 상승된 권한만 가지며, 리눅스의 권한은 윈도우 운영체제에서 인정되지 않는다.

문제는 WSL이 윈도우 사용자 계정에 의해 시작되고 초기화되기 때문에, 윈도우 사용자 계정이 접근할 수 있는 모든 윈도우 리소스는 WSL 내부에서도 접근할 수 있다는 것이다.

[그림 2-18]에서 볼 수 있듯이 리눅스 환경에서 쉽게 마운트 지점에 접근할 수 있다. 이 지점은 WSL에 마운트된 윈도우 드라이브일 뿐이다. 현재 윈도우 사용자가 접근할 수 있는 디렉터리에서 `ls` 명령을 실행한 다음 결과를 `wc -l` 명령에 파이프 연산자를 추가하여 반환된 행의 수를 가져오도록 실행하면, 개수가 많은 것을 알 수 있다. 그러나 현재 사용자가 접근할 권한이 없는 다른 디렉터리로 명령어를 실행하면 반환된 결과는 0이다. 이를 통해 리눅스 하위 시스템에서 작업하는 경우에도, 접근하는 윈도우 리소스에 윈도우 사용자 권한이 적용된다는 점을 다시 확인할 수 있다.

또한 권한이 없는 윈도우 운영체제상의 디렉터리에 접근하려고 하면 '권한 거절됨(permission denied)' 오류와 함께 실패한다. 이는 WSL을 실행한 윈도우 사용자(`Prateek`)가 사용자 프로필 폴더(`C:\Users\Prateek.THINKPAD`)에는 접근할 수 있지만, `Administrator`의 사용자 프로필 폴더에는 접근할 수 있는 권한이 없기 때문에 발생한다.

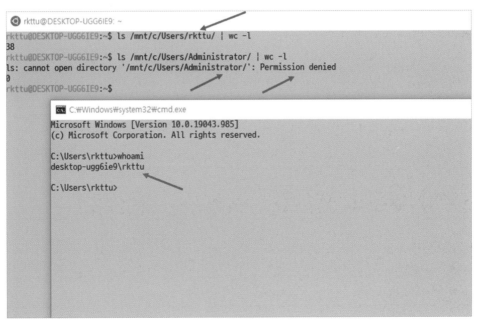

그림 2-18 권한 모델에 따른 접근 제한

2.5 배포판 업데이트와 업그레이드

WSL을 설치하고 처음 사용하기 위해 초기화하는 방법을 알아보았다. 하지만 새로 설치했더라도 리눅스 배포판과 함께 제공되는 일부 기본 패키지와 도구는 최신 버전이 아닐 수 있다. 따라서 최신 버전으로 업데이트할 수 있는 메커니즘이 필요하다. 최신 버전에서는 이전에 발생했던 문제가 해결되었을 수 있고, 가장 안정적이며, 보안 문제를 해결했을 수 있기 때문에 업데이트를 권장한다.

> **NOTE_** 독자들의 이해를 돕기 위해 필자는 이 책을 작업할 때 가장 많이 사용되는 두 가지 배포판인 '우분투' 또는 '데비안' 리눅스 배포판을 사용하고 있다고 가정하여 책을 저술했다. 다른 리눅스 배포판을 사용하는 경우 이 책에서 설명하는 업데이트 방법이나 업그레이드를 위한 명령어가 적용되지 않을 수 있다.[7]

작업을 하기 앞서 우선 '업데이트'와 '업그레이드'의 큰 차이점을 알아보자. **업그레이드**는 현재 제품을 더 새롭고 더 우수한 버전의 제품으로 교체하는 작업이고, **업데이트**는 현재 제품을 수정하는 작업이다. 리눅스 용어, 특히 우분투와 데비안에서 업데이트는 설치된 패키지 목록을 새로 고치는 것을 의미하며, 다른 항목을 수정하지 않고 버전을 높이는 등의 작업을 수행하는 일만 한다. 업그레이드는 업데이트로 받아온 최신 패키지 목록에 따라 기존에 설치된 패키지를 교체 설치하는 것을 의미한다.

거의 모든 배포판은 빠르게 다운로드하고 초기화할 수 있도록 최소한의 요소로만 구성된 가벼운 소프트웨어 패키지이며, 필요한 도구와 라이브러리만 함께 제공된다. [예제 2-5]의 다음 명령을 사용하여 배포판을 업데이트하고 업그레이드하는 것을 권장한다. 이 단계는 완료하는 데 시간이 걸릴 수 있으며, 명령어를 실행하면 [그림 2-19]와 같이 패키지가 다운로드되는 것을 볼 수 있다.[8]

---

7 옮긴이_ 현재 사용하는 리눅스 배포판이 레드햇 계열인지, 데비안 계열인지, 수세 계열인지 혹은 독자적인 업데이트 패키지 매니저를 사용하는지의 여부를 각 배포판 공식 홈페이지나 매뉴얼을 통해 확인하면 쉽게 문제를 해결할 수 있다. 정확한 배포판을 확인하기 위해 cat /etc/os-release 명령어 또는 데비안이나 우분투 계열의 배포판은 lsb_release -a 명령어를 사용하여 배포판의 종류, 배포처, 버전을 확인할 수 있다.

8 옮긴이_ 만약 이 책의 내용을 윈도우 10의 셀룰러 네트워크를 사용하는 컴퓨터에서 WSL 2로 실행하려고 하면, WSL 2로는 셀룰러 네트워크 어댑터로 외부와 통신할 수 없는 문제가 발생한다. 따라서 WSL 내부에서는 인터넷 연결이 끊긴 상태로 나타날 수 있다. 정상적으로 작동하게 하려면 무선 인터넷으로 연결한 상태에서 실행해보자.

예제 2-5 WSL에서 실행되는 우분투 배포판 패키지 업데이트와 업그레이드

```
sudo apt update && sudo apt upgrade
```

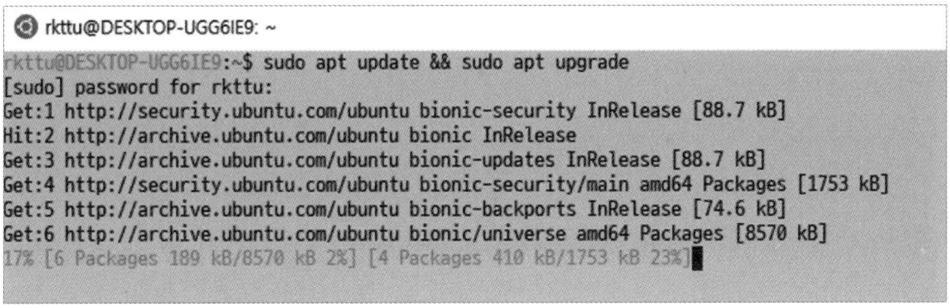

```
rkttu@DESKTOP-UGG6IE9: ~
rkttu@DESKTOP-UGG6IE9:~$ sudo apt update && sudo apt upgrade
[sudo] password for rkttu:
Get:1 http://security.ubuntu.com/ubuntu bionic-security InRelease [88.7 kB]
Hit:2 http://archive.ubuntu.com/ubuntu bionic InRelease
Get:3 http://archive.ubuntu.com/ubuntu bionic-updates InRelease [88.7 kB]
Get:4 http://security.ubuntu.com/ubuntu bionic-security/main amd64 Packages [1753 kB]
Get:5 http://archive.ubuntu.com/ubuntu bionic-backports InRelease [74.6 kB]
Get:6 http://archive.ubuntu.com/ubuntu bionic/universe amd64 Packages [8570 kB]
17% [6 Packages 189 kB/8570 kB 2%] [4 Packages 410 kB/1753 kB 23%]
```

그림 2-19 WSL에서 실행되는 우분투 배포판 패키지 업데이트와 업그레이드

[그림 2-19]에서 `apt`는 고급 패키지 도구Advanced Package Tool (APT)의 약칭이며, `apt`는 우분투, 데비안을 포함하여 해당 계열의 리눅스 배포판에서 패키지를 처리하는 데 도움이 되는 명령 줄 도구이다. `apt`는 우분투와 데비안 패키지 시스템과 상호작용하여 새 패키지를 찾아 설치하고 기존 패키지를 업그레이드하거나 제거한다. 흔히 `apt update`가 리눅스에 소프트웨어 패키지의 새 버전을 업데이트한다고 잘못 아는 경우가 있다. `apt update` 명령은 '`/etc/apt/sources.list`' 파일에 있는 배포판의 소프트웨어 저장소에서 사용 가능한 패키지 목록을 유지하는 '`apt` 패키지 색인'이라는 내부 데이터베이스를 갱신하는 일만 수행한다.

예를 들어 파이썬 3.5 버전이 설치된 경우 `apt update` 명령을 실행하면, 앞서 언급한 데이터베이스는 파이썬의 최신 버전이 존재하고 사용할 수 있다는 것을 인지한다. 따라서 `apt upgrade`를 실행하면 파이썬 3.5 버전은 최신 버전으로 업그레이드된다.

개발자는 다양한 이유로 리눅스 배포판에 다른 도구와 패키지가 필요하다. 이제 다음 절에서 WSL에 추가 소프트웨어를 설치하는 방법을 살펴보자.

2.6 추가 도구와 패키지 설치하기

WSL의 목적은 개발자가 윈도우에서 선호하는 리눅스 도구를 사용하여 전반적인 개발 환경을 개선할 수 있도록 하는 것이다. 다른 여러 종류의 리눅스 운영체제들과 마찬가지로 WSL에서 이러한 리눅스 유틸리티나 도구, 패키지의 대부분은 패키지를 관리하는 도구 모음인 apt와 같은 패키지 관리자를 사용하여 쉽게 설치할 수 있다. 다음 예제에서는 apt install 명령을 사용하여 리눅스 배포판에 nodejs, git, nmap을 설치하는 방법을 보여준다.

```
sudo apt install nodejs git nmap
```

APT는 apt, apt-get, 그리고 apt-cache 도구들을 한 번에 편리하게 사용할 수 있도록 합쳐 놓은 것으로 사용자의 편의를 강화해준다. 예를 들어 apt-cache search 명령과 함께 검색 키워드를 입력하여 패키지 검색을 할 수 있고, 패키지의 대상 CPU 아키텍처, 패키지 파일 크기, MD5 체크섬 등 세부적인 정보를 확인하기 위해 [그림 2-20]처럼 apt-cache show 명령을 패키지 이름과 함께 사용할 수 있다.

```
apt-cache search aws-cli
apt-cache show python3-botocore
```

```
rkttu@DESKTOP-UGG6IE9: ~

rkttu@DESKTOP-UGG6IE9:~$ apt-cache search aws-cli
python-botocore - Low-level, data-driven core of boto 3 (Python 2)
python3-botocore - Low-level, data-driven core of boto 3 (Python 3)
rkttu@DESKTOP-UGG6IE9:~$
rkttu@DESKTOP-UGG6IE9:~$ apt-cache show python3-botocore
Package: python3-botocore
Architecture: all
Version: 1.16.19+repack-1ubuntu0.18.04.1
Priority: optional
Section: universe/python
Source: python-botocore
Origin: Ubuntu
Maintainer: Ubuntu Developers <ubuntu-devel-discuss@lists.ubuntu.com>
Original-Maintainer: Debian Python Modules Team <python-modules-team@lists.alioth.debian.org>
Bugs: https://bugs.launchpad.net/ubuntu/+filebug
Installed-Size: 44856
Depends: python3-dateutil, python3-docutils, python3-jmespath, python3-urllib3, python3:any (>= 3.3.2-2~), p
Filename: pool/universe/p/python-botocore/python3-botocore_1.16.19+repack-1ubuntu0.18.04.1_all.deb
Size: 3254844
MD5sum: 491fb4d81639d1854c21e4d646859c0f
SHA1: 31e31beab1f163bb290dc7d3baa99af314278482
SHA256: 1960136ba8edd6b43babf10ef27618e16948b10a24d683bc79ddad79671355d0
SHA512: 09fa65f50d9012974b8dc1b890ab6ea12a6a10b9e4c61304685b8c4bce979ce30516c6f3ab30f1841664ef81728b98df5d2b
Homepage: https://github.com/boto/botocore
Description-en: Low-level, data-driven core of boto 3 (Python 3)
 A low-level interface to a growing number of Amazon Web Services.
 The botocore package is the foundation for AWS-CLI.
 .
 This package contains the module for Python 3.
Description-md5: 6bf0620f1a2dee56516d398a617b5493

Package: python3-botocore
Architecture: all
Version: 1.8.48+repack-1
Priority: optional
Section: universe/python
Source: python-botocore
Origin: Ubuntu
Maintainer: Ubuntu Developers <ubuntu-devel-discuss@lists.ubuntu.com>
Original-Maintainer: Debian Python Modules Team <python-modules-team@lists.alioth.debian.org>
Bugs: https://bugs.launchpad.net/ubuntu/+filebug
Installed-Size: 26312
Depends: python3-dateutil, python3-docutils, python3-jmespath, python3:any (>= 3.3.2-2~), python3-requests
Filename: pool/universe/p/python-botocore/python3-botocore_1.8.48+repack-1_all.deb
Size: 1764396
MD5sum: ce61c81a93e4197be0dcfb3acfb8a502
SHA1: 64a07981551d036b59065f2312612535a7f80a73
SHA256: cd0ac5fe4636f23401a3b67331bad4697a74ecf6256d8e73dfbd4498f467c8ab
Homepage: https://github.com/boto/botocore
Description-en: Low-level, data-driven core of boto 3 (Python 3)
 A low-level interface to a growing number of Amazon Web Services.
 The botocore package is the foundation for AWS-CLI.
 .
 This package contains the module for Python 3.
Description-md5: 6bf0620f1a2dee56516d398a617b5493

rkttu@DESKTOP-UGG6IE9:~$ sudo apt install python3-botocore
Reading package lists... Done
Building dependency tree
Reading state information... Done
The following additional packages will be installed:
  docutils-common libjbig0 libjpeg-turbo8 libjpeg8 liblcms2-2 libpaper-utils libpaper1 libtiff5 libwebp6 lib
Suggested packages:
```

그림 2-20 apt를 사용한 패키지 검색 및 설치

2.7 마무리

2장에서는 윈도우 10 시스템에서 WSL을 활성화하는 방법과 리눅스 배포판을 다운로드하고 설치하는 다양한 방법을 배웠다. 처음 설치를 완료한 후 WSL을 설정, 구성하며 사용자를 관리하는 방법을 알아보았다. 다음 장에서는 두 운영체제 간의 격차를 해소하고, 개발자와 시스템 관리자가 윈도우와 리눅스를 편리하게 사용할 수 있도록 혼합된 환경을 만드는 방법을 알아보자.

## CHAPTER 3

윈도우와 리눅스 섞어 사용하기

리눅스용 윈도우 하위 시스템(WSL)의 가장 큰 장점은 윈도우와 리눅스 운영체제의 혼합된 환경을 만들 수 있다는 것이다. 이 기능은 매우 원활하여 두 운영체제의 마찰이 전혀 없는 것처럼 느껴진다. 윈도우와 리눅스를 섞어 사용한다는 것은, 한마디로 두 운영체제의 격차를 해소하는 도구와 구성을 이용하여 장점을 동시에 모두 취하는 것이다.

3장에서는 WSL의 시작 구성을 이용하여 윈도우 파일 시스템을 자동으로 마운트하고, 호스트 파일에 새로운 항목을 추가하며, WSL에서 윈도우 프로세스와 실행 파일을 실행하는 방법을 살펴보자. 이 장의 뒷부분에서 윈도우 경로를 리눅스 경로나 그 반대로 변환하는 방법을 살펴보고, 마지막으로 공유 환경 변수에 대해 알아보자.

WSL의 시작 구성부터 살펴보도록 하자.

3.1 WSL 시작 구성 – wsl.conf

WSL을 사용하면 /etc/wsl.conf에 있는 파일을 사용하여 모든 배포판 패키지의 시작 구성을 각각 독립적으로 설정할 수 있으며, WSL이 시작될 때마다 이 구성이 자동으로 적용된다. 이 파일은 소프트웨어 구성 파일의 '표준 파일 형식'인 INI 파일 형식을 따르며, 기본 구조는 [sections], 속성 이름 및 값(key=value 쌍)을 기본 구조로 하는 텍스트 파일 형태로 저장된다. 이 파일은 기본적으로 생성되지 않으며, WSL 환경에 없다면 직접 생성할 수도 있다.

WSL은 시작 시 이 파일을 감지하고 구문 분석하여 다음 세 부분의 구성 설정을 가져온다.

1 [automount]

2 [network]

3 [interop]

먼저 [automount]부터 알아보고, 내용을 더 잘 이해하기 위해 몇 가지 예를 살펴보자.

3.1.1 [automount] 섹션

[automount]는 WSL 시작 시 리눅스 배포판에서 다양한 파일 시스템을 자동으로 마운트하는 방법을 제어한다. 이 설정을 이용하여 윈도우 파일 시스템에 속하는 고정 드라이브가 WSL에 마운트되는 방법과 위치를 제어할 수 있다.

[표 3-1]은 [automount]에서 허용되는 속성과 사용 가능한 값의 종류를 정리한 표이다.

표 3-1 [automount]의 선택적 속성 목록

속성	형식	기본값	설명
enabled	true/false	true	true로 설정하면, drvfs 파일 시스템으로 /mnt 디렉터리 아래에 윈도우 운영체제의 고정 드라이브(예: C:\ 또는 D:\ 같은 드라이브)들이 자동으로 마운트된다.
mountFsTab	true/false	true	true로 설정하면, SMB 공유 같은 고정 드라이브 이외의 파일 시스템들처럼 /etc/fstab 파일에 서술된 항목들이 자동으로 마운트된다.
root	문자열	/mnt/	고정 드라이브들을 마운트할 기본 디렉터리 경로를 설정할 수 있다. 예를 들어, /test 디렉터리 아래에 마운트가 되도록 이 속성값을 변경할 수 있는데, 변경한 후에는 /test/c, /test/d와 같이 마운트된다.
options	쉼표로 구분된 문자열	빈 문자열	이 옵션에는 drvfs 마운트에 관한 세부 옵션을 추가로 지정할 수 있다.

기본적으로 WSL은 리눅스 배포판의 /mnt/ 폴더에 윈도우 파일 시스템 드라이브를 마운트한다. 예를 들어 C:\ 드라이브의 경우 /mnt/c/, D:\의 경우 /mnt/d와 같이 마운트된다. 이들 모두는 drvfs로 알려진 WSL 파일 시스템 플러그인을 사용한다. 이 책 뒷부분에서 drvfs와 파일 시스템에 대해 자세히 알아볼 것이다. 지금은 /mnt/ 폴더가 아닌 다른 폴더에 drvfs를 사

용하여 고정 드라이브를 마운트한다고 가정하고, [automount] 섹션 root 속성에 값으로 정의할 수 있다.

[그림 3-1]에서 볼 수 있듯이 /etc/wsl.conf 파일의 root 속성에 /test/ 폴더를 '기본 폴더'로 구성하여 윈도우 드라이브를 마운트하고, WSL을 다시 시작하면 변경된 위치로 자동으로 고정 드라이브들이 마운트될 것이다. 여기서는 다음번 WSL을 실행할 때 리눅스 배포판의 /test/ 폴더 아래에 C:\ 드라이브와 D:\ 드라이브가 마운트될 것이다.

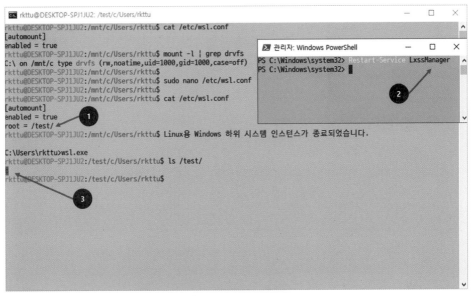

그림 3-1 윈도우 드라이브를 마운트할 루트 폴더

> **NOTE_** 변경 사항을 적용하려면 윈도우에서 **LxssManager** 서비스를 다시 시작하거나, WSL을 종료했다가 다시 시작해야 한다. 그렇지 않으면 루트 폴더에 마운트된 윈도우 드라이브가 표시되지 않을 수 있다.

이제 WSL에 마운트된 드라이브를 확인하고, [그림 3-2]에서 보여준 것처럼 키워드 drvfs가 있는 드라이브만 찾으면 wsl.conf 파일의 [automount] 섹션을 통해 마운트되는 드라이브들이 표시된다. 예제에서 사용한 grep 명령은 특정 문자 패턴(이 경우 drvfs)을 필터링하거나 검색하는 명령어로, mount 명령에서 출력한 모든 문자열 중 일치하는 행만 보여준다.

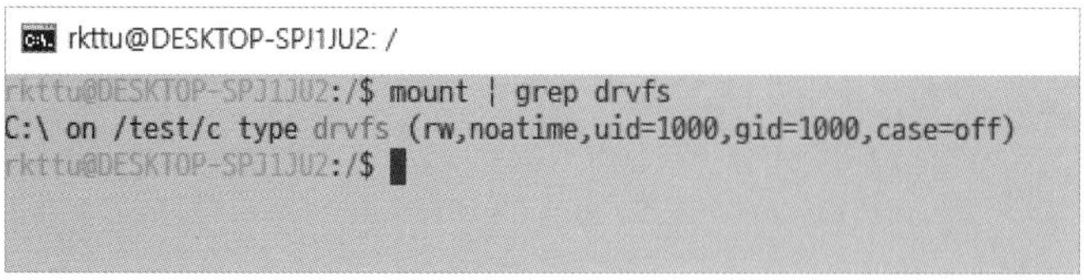

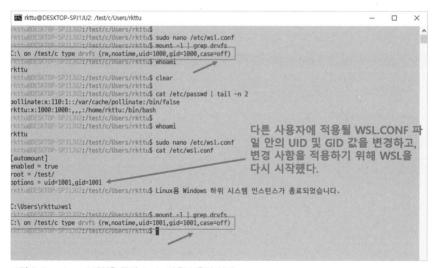

그림 3-2 드라이브와 파일 시스템 확인

[automount]의 다음 소개할 속성[1]은 리눅스 메타 데이터 없이 윈도우 파일에 대한 권한을 제어할 수 있도록 drvfs 마운트 옵션에 자동으로 값을 추가한다. 이 속성에 지정할 수 있는 마운트 옵션은 다음과 같다.

1 uid: 모든 파일의 소유자가 사용하는 사용자 ID

2 gid: 모든 파일의 소유자가 사용하는 그룹 ID

3 umask: 모든 파일과 디렉터리를 제외하기 위한 8진수 권한 마스크

4 fmask: 모든 일반 파일을 제외하기 위한 8진수 권한 마스크

5 dmask: 모든 디렉터리를 제외하기 위한 8진수 권한 마스크

[그림 3-3]에서 볼 수 있듯이 wsl.conf 파일에서 이 속성을 구성하고 WSL 배포판을 다시 시작하면, 마운트한 폴더에 설정한 마운트 옵션을 추가한다.

그림 3-3 wsl.conf 파일을 통해 drvfs 마운트 옵션 설정

---

1 옮긴이_ [automount] 섹션의 'options' 속성에 실제로 지정하는 속성들을 의미한다.

다음은 [network] 섹션을 살펴본다. 이를 활용하여 WSL 환경에서 DNS 항목과 호스트에서 특정 IP 주소로 매핑을 설정하는 방법을 알아보자.

3.1.2 [network] 섹션

WSL 구성 파일의 [network] 섹션은 [표 3-2]에 나열된 두 가지 중요한 속성을 제공한다. 이는 DNS, WSL에서 호스트 파일(호스트 이름과 특정 IP 주소 연결)이 구성되는 방식을 조정하고 제어하는 데 사용할 수 있다.

표 3-2 [network] 섹션의 선택적 속성 목록

속성	형식	기본값	설명
generateHosts	true/false	true	true로 설정하면, WSL은 자동으로 /etc/hosts 파일에 윈도우 hosts 파일(%WINDIR%\System32\drivers\etc\hosts)의 내용을 반영하도록 설정한다.
generateResolvConf	true/false	true	true로 설정하면, WSL은 자동으로 /etc/resolv.conf 파일에 WSL에서 사용할 DNS 서버 주소 목록을 생성한다.

[network] 섹션 아래의 첫 번째 속성은 generateHosts이며, 이 속성의 목적은 윈도우 운영체제의 hosts 파일(%WINDIR%\System32\drivers\etc\hosts)의 내용을 사용하도록 /etc/hosts 파일을 자동으로 생성할 것인지의 여부를 결정하는 것이다.

[그림 3-4]는 WSL에서 호스트 파일을 삭제하고 다시 시작한 상황에서 /etc/wsl.conf 파일의 generateHosts 속성이 true로 설정된 상태일 경우, 호스트 파일이 윈도우 hosts 파일의 내용을 토대로 자동으로 다시 생성되는 것을 보여준다.

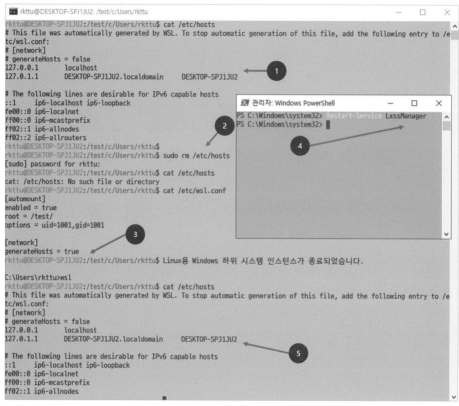

그림 3-4 윈도우 host 파일에서 /etc/hosts 파일 자동 생성

[network] 섹션 아래의 두 번째 속성은 generateResolvConf이며 true로 설정하면 WSL에서 사용할 도메인 이름 서버 목록을 자동으로 만든다. [그림 3-5]의 1단계처럼, 다음 예에서는 wsl.conf 파일에서 generateResolvConf 속성을 false로 설정하여 비활성화했다. 이제 웹사이트 도메인을 ping하려고 하면(2단계) 이름 확인을 돕는 DNS 서버가 없기 때문에 호스트 이름을 IP 주소로 변환하지 못한다. 다시 돌아가서 3단계와 같이 설정을 되돌리고 구성 변경 사항을 적용한 다음, WSL 배포판(4단계)을 종료하자.

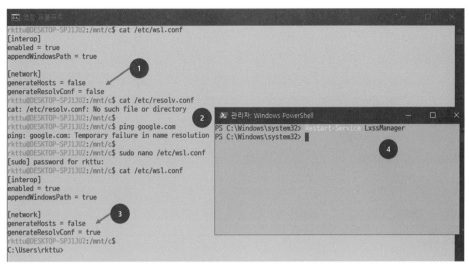

그림 3-5 WSL에서 사용할 DNS 서버 주소 목록 자동 생성

변경한 후 WSL 배포판이 다시 시작되면 /etc/resolv.conf가 DNS 서버 목록과 함께 자동으로 생성되는 것을 볼 수 있다. 이름 확인이 작동하는지 확인하기 위해 웹 사이트에 ICMP 요청을 보낸다. 그러면 [그림 3-6]에서 볼 수 있듯이, google.com을 확인하고 대상 서버 IP 주소에 도달하여 ping 응답을 받을 수 있다.

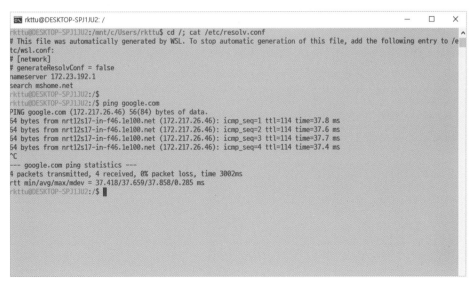

그림 3-6 resolv.conf 파일 생성 후 이름 확인이 잘 작동됨

`wsl.conf` 파일의 마지막으로 살펴볼 섹션은 `[interop]`이다. 이 섹션에서는 윈도우 프로세스를 WSL에서 시작하고, 두 운영체제에서 윈도우 PATH 변수를 공유할 수 있는지 여부를 추가로 정의할 수 있다.

3.1.3 [interop] 섹션

`[interop]` 섹션에서는 다음 [표 3-3]에 언급된 윈도우와 리눅스 사이의 상호운용성에 대한 두 가지 중요한 설정을 취급한다.

표 3-3 [interop] 섹션 아래의 선택적 속성 목록

속성	형식	기본값	설명
Enabled	true/false	true	true로 설정하면, WSL 배포판이 notepad.exe와 같은 윈도우 프로세스를 실행할 수 있다. 그 외의 경우에는 실행이 차단된다.
appendWindowsPath	true/false	true	true로 설정하면, WSL은 배포판의 환경 변수인 $PATH에 윈도우 운영체제 PATH 환경 변수의 내용을 자동으로 덧붙인다.

`[interop]` 섹션 아래의 첫 번째 속성은 [그림 3-7]과 같이 활성화된다. `enabled` 속성이 `false`로 설정되면 WSL 안의 리눅스 환경에서 notepad.exe와 같은 윈도우 프로세스를 실행할 수 없게 차단된다. 이 설정을 비활성화한 후 그림의 1단계는 bash에서 notepad.exe를 실행할 때 윈도우 형식 프로그램을 실행할 수 없고 오류가 발생함을 보여준다. 문제를 해결하려면 `enabled` 속성값을 다시 `true`로 변경하고, 배포판을 다시 시작해야 한다. 그러면 윈도우 프로세스를 리눅스 배포판에서 실행할 수 있다.

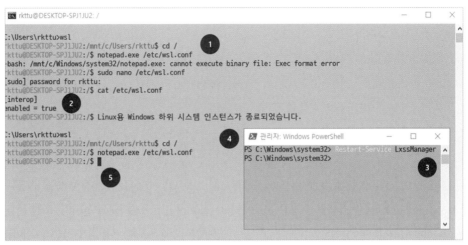

그림 3-7 resolv.conf 파일 생성 후 이름 확인이 작동

[interop] 섹션의 또 다른 속성은 appendWindowsPath이며, 이름에서 알 수 있듯이 이 속성을 true로 설정하면 [그림 3–8]에서 보이는 것과 같이 윈도우 PATH 변수의 폴더를 리눅스 $PATH 환경 변수에 추가한다. 마찬가지로 appendWindowsPath를 false로 설정하여 비활성화하면 윈도우 PATH 변수의 요소가 리눅스 $PATH 환경 변수에 추가되지 않는다. 이 변경 사항을 적용하려면 리눅스 배포판을 종료하고 다시 시작해야 한다.

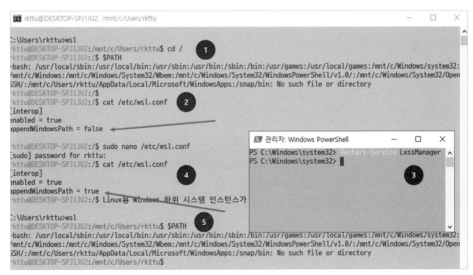

그림 3-8 윈도우 PATH 변수의 경로를 리눅스 $PATH 환경 변수에 추가

이것으로 /etc/wsl.conf 파일의 세 가지 섹션을 모두 살펴봤다. 이 파일의 기본적인 목적은 고급 사용자가 [interop], [automount], [network] 항목의 설정을 필요할 때 조정할 수 있도록 하는 것이다. 설정을 통해 더 나은 혼합된 환경을 만들 수 있다. 지금 살펴본 상호운용 기능을 이용하면 윈도우와 리눅스의 세계를 직접 연결하는 데 도움이 된다. 이전에 윈도우와 리눅스 에코 시스템 안에 고립되어 있던 수많은 기능이 운영체제 종류와 상관없이 쉽게 데이터를 교환하고, 특정 작업에 가장 적합한 도구로 쓰일 수 있게 길이 열린 것이다.

이제 우리는 윈도우와 WSL 양쪽에 존재할 수 있는 운영체제에서 구성 가능한 값인 환경 변수를 서로 공유하면서, 리눅스에서 윈도우로 또는 그 반대로 파일 시스템 경로를 변환하는 기능을 통해 윈도우와 WSL 간의 혼합된 환경을 완전히 새로운 수준으로 끌어올리는 방법을 살펴보려고 한다. 먼저 경로 변환부터 살펴보자.

3.2 윈도우와 리눅스 사이의 경로 변환 – wslpath

wslpath는 WSL 경로에서 윈도우 경로로 또는 그 반대로 변환을 수행하는 유틸리티다. 다음은 이 유틸리티를 사용하는 방법을 정리한 것이며, [표 3-4]에는 wslpath와 함께 사용할 수 있는 모든 매개변수가 나열되어 있다.

문법은 다음과 같다.

```
wslpath [-m|-u|-w|-h] NAME[:line[:col]]
```

표 3-4 경로 변환 출력 형태

매개변수	설명
-a	윈도우 경로를 유닉스 절대 경로 형식으로 출력한다.
-w	유닉스 경로를 윈도우 경로 형식으로 출력한다.
-m	유닉스 경로를 윈도우 경로 형식으로 출력하되, 경로 구분 문자로 슬래시(/)를 대신 사용하여 표현한다.
-u	윈도우 경로를 유닉스 경로 형식으로 표현한다. 이것이 기본 모드이다.

이 도구를 더 잘 이해하기 위해 다음 예제를 살펴보도록 하자. [예제 3-1]과 [그림 3-9]는 경로 변환을 수행하는 몇 가지 예를 보여준다.

예제 3-1 wslpath 유틸리티를 사용하여 경로 변환하는 예시

```
# 윈도우 경로를 WSL 경로로 변환하는 것이 기본 형태이며, '-u' 스위치를 지정한 것과
같다.
wslpath 'C:\Users'

# '-a' 스위치를 지정하여 윈도우 경로를 WSL 절대 경로로 변환할 수 있다.
wslpath -a 'temfile.txt'

# WSL 경로를 윈도우 경로로 변환하기 위해 '-w' 스위치를 사용할 수 있다.
wslpath -w '/mnt/c/Users'

# WSL 경로를 윈도우 경로로 변환하기 위해 '-m' 스위치를 사용할 수도 있다.
# 단, 이때에는 역슬래시를 대신하여 슬래시 문자를 경로 구분 문자로 사용하여 변환된다.
wslpath -m '/mnt/c/Users'
```

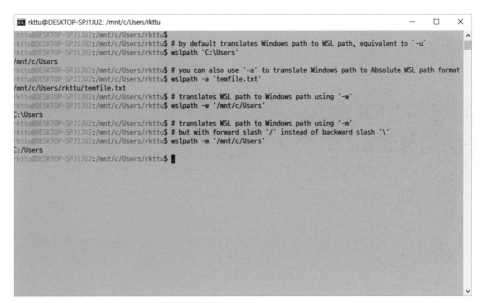

그림 3-9 wslpath 유틸리티를 사용한 경로 변환

이 유틸리티는 [그림 3-10]과 같이 WSL에서 윈도우 운영체제 파일을 실행하려는 경우 매우 유용할 수 있다. 먼저, 윈도우 파일 시스템에 있는 파워셸 스크립트를 실행하자. `wslpath`를 사용하여 이 파일을 유닉스 경로로 변환하고, WSL 내에서 `pwsh`(리눅스에서 실행되는 파워셸의 오픈소스 버전)를 통해 파워셸 스크립트 파일을 시작할 수 있다. [그림 3-10]의 예제를 자세히 살펴보면 `$()` 안에 `wslpath` 명령을 사용하고 있다. 이것은 명령 대체라고 하며, 명령 출력의 결과를 곧바로 명령어의 일부로 가져와 사용할 수 있는 기능이다. 이 예제에서는 윈도우에서 파워셸 스크립트 파일의 리눅스 경로를 곧바로 명령어의 일부로 사용했다. 배시는 서브 셸 환경에서 `$(<command>)`의 명령을 실행한 다음, 명령 대체를 명령의 출력으로 대체하여 확장을 수행한다.

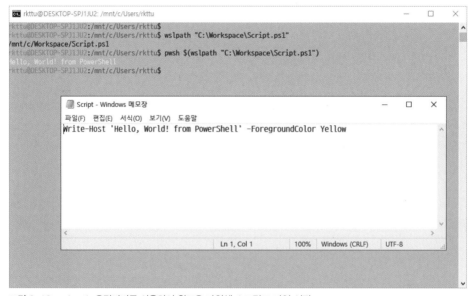

그림 3-10 wslpath 유틸리티를 사용하여 윈도우 파워셸 스크립트 파일 시작

이제 경로 변환의 작동 방식을 배웠으니, WSL을 사용하여 윈도우와 리눅스에서 환경 변수를 공유하는 방법을 살펴보자.

3.3 공유 환경 변수 – WSLENV

Windows 참가자 프로그램 빌드 17063 이상부터 지원되는 **WSLENV** 환경 변수 메커니즘은, 윈도우와 리눅스 배포판 사이에 애플리케이션을 호출할 때 환경 변수를 어떻게 설정하고 공유할 것인지를 제어할 수 있는 기능이다. 초기 버전 WSL에서는 접근할 수 있는 윈도우 환경 변수는 **PATH**뿐이었다. **WSLENV**는 윈도우와 WSL 환경 사이에 공유되는 설정이며, 공유할 환경 변수들의 목록을 포함한다.

WSLENV 변수에 대한 변경 사항은 WSL 세션이 닫히면 자동으로 제거된다. 원하는 **WSLEV** 설정을 계속 사용하기 원한다면, `.profile`, `.bash_rc` 등과 같은 구성 파일을 수정해야 한다. 그러면 새 WSL 세션이 시작될 때마다 **WSLENV**가 원하는 값으로 설정된다.

WSL과 윈도우 간의 환경 변수 변환은 [표 3–5]의 **WSLENV** 플래그 중 하나로 제어할 수 있으며 필요에 따라 이러한 플래그를 함께 결합할 수 있다.

표 3-5 WSLENV 플래그의 종류와 각각에 대한 설명

플래그	설명
/p	WSL에서 Windows로 또는 그 반대로 경로를 변환해야 함을 나타낸다.
/l	환경 변수가 경로 목록임을 나타낸다.
/u	이 플래그가 붙은 환경 변수는 윈도우에서 WSL 애플리케이션을 실행할 때에만 만들어야 함을 나타낸다.
/w	이 플래그가 붙은 환경 변수는 WSL에서 윈도우 애플리케이션을 실행할 때에만 만들어야 함을 나타낸다.

NOTE_ WSLENV의 값은 원하는 대로 설정할 수 있다. 그러나 환경 변수의 이름 대신 파일 시스템 경로를 직접 설정하면 경로 변환이 작동하지 않는다. 따라서 올바르게 설정한 번역 플래그와 함께 경로를 포함하는 환경 변수에 **WSLENV**를 설정하는 것이 좋다.

예를 들어 WSL에서 변수를 만든 다음 [그림 3–11]과 같이 `/p` 플래그를 사용하여 **WSLENV**에 추가해보자. 이제 `cmd.exe`에서 이 변수의 값을 읽으려고 하면 윈도우에서도 접근할 수 있는 변환된 경로가 표시된다. 윈도우 계정에 대한 관리 권한이 없을 경우, **WSLENV**에서 생성된 환경 변수가 표시되지 않을 수 있다.

```
$ export MYPATH=/mnt/c/Users
$ export WSLENV=MYPATH/p
$
$ cmd.exe
Microsoft Windows [Version 10.0.17763.348]
 (c) 2018 Microsoft Corporation. All rights reserved.

C:\Users\admin> echo %MYPATH%
C:\Users
```

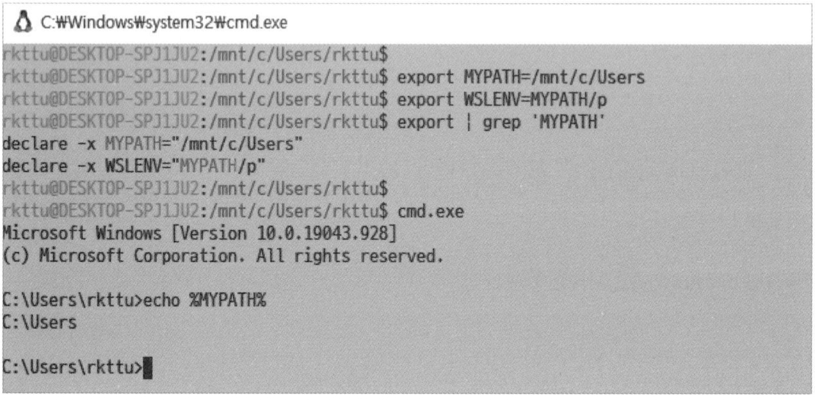

```
C:\Windows\system32\cmd.exe
rkttu@DESKTOP-SPJ1JU2:/mnt/c/Users/rkttu$
rkttu@DESKTOP-SPJ1JU2:/mnt/c/Users/rkttu$ export MYPATH=/mnt/c/Users
rkttu@DESKTOP-SPJ1JU2:/mnt/c/Users/rkttu$ export WSLENV=MYPATH/p
rkttu@DESKTOP-SPJ1JU2:/mnt/c/Users/rkttu$ export | grep 'MYPATH'
declare -x MYPATH="/mnt/c/Users"
declare -x WSLENV="MYPATH/p"
rkttu@DESKTOP-SPJ1JU2:/mnt/c/Users/rkttu$
rkttu@DESKTOP-SPJ1JU2:/mnt/c/Users/rkttu$ cmd.exe
Microsoft Windows [Version 10.0.19043.928]
(c) Microsoft Corporation. All rights reserved.

C:\Users\rkttu>echo %MYPATH%
C:\Users

C:\Users\rkttu>
```

그림 3-11 WSL에서 윈도우에서 환경 변수 설정

[그림 3-12]와 같이 윈도우에서 환경 변수에 접근할 때 이러한 경로를 세미콜론(;)으로 구분된 값으로 변환하는 `/l` 플래그를 사용하여, 콜론(:)으로 구분된 값 목록을 `WSLENV`에 할당하는 방법을 보여주는 또 다른 예를 살펴보자.

```
$ export MYPATHLIST=/mnt/c/Users:/mnt/c/temp
$ export WSLENV=MYPATHLIST/l
$
$ echo $MYPATHLIST
/mnt/c/Users:/mnt/c/temp
$
$ cmd.exe
Microsoft Windows [Version 10.0.17763.348]
 (c) 2018 Microsoft Corporation. All rights reserved.
C:\Users\admin>echo %MYPATHLIST%
C:\Users;C:\Temp
```

그림 3-12 둘 이상의 값으로 환경 변수 설정

WSLENV 플래그 /u는 환경 변수가 윈도우에서 WSL 내부의 애플리케이션을 실행할 때만 만들어져야 함을 나타내는 데 사용할 수 있다. 또한 /p 플래그와 결합하여 작동할 수 있으며(둘 다 사용하기 위해 /up와 같이 결합할 수도 있다) [그림 3–13]에 설명한 대로 경로를 리눅스에 특화된 형식으로 변환할 수 있다. WSLENV 플래그 /w는 정반대로 작동하며 WSL에서 윈도우 애플리케이션을 실행할 때 환경 변수를 만든다.

```
rkttu@DESKTOP-SPJ1JU2: ~

Microsoft Windows [Version 10.0.19043.928]
(c) Microsoft Corporation. All rights reserved.

C:\Users\rkttu>set WORKSONLYONWSL=C:\User\

C:\Users\rkttu>set WSLENV=WORKSONLYONWSL/u

C:\Users\rkttu>Ubuntu1804
rkttu@DESKTOP-SPJ1JU2:~$ echo $WORKSONLYONWSL
C:\User\
rkttu@DESKTOP-SPJ1JU2:~$ cmd.exe
'\\wsl$\Ubuntu-18.04\home\rkttu'
위의 경로를 현재 디렉터리로 하여 CMD.EXE가 실행되었습니다. UNC 경로는
지원되지 않습니다. Windows 디렉터리를 기본으로 합니다.
Microsoft Windows [Version 10.0.19043.928]
(c) Microsoft Corporation. All rights reserved.

C:\Windows>set WORKSONLYONWSL=C:\User

C:\Windows>set WSLENV=WORKSONLYONWSL/up

C:\Windows>ubuntu1804
rkttu@DESKTOP-SPJ1JU2:~$ echo $WORKSONLYONWSL
/mnt/c/User
rkttu@DESKTOP-SPJ1JU2:~$
```

그림 3-13 윈도우에서 WSL용 환경 변수 설정

WSLENV 변수를 사용하면, 다양한 플래그 옵션을 사용하여 여러 공유 환경 변수를 정의할 수도 있다. 어떻게 작동하는지 살펴보자.

문법은 다음과 같다.

```
WSLENV=FORWSL/u:FORWIN/w:MYPATHLIST/l:TEMPDIR/p
```

여기서 **WSLENV**는 여러 환경 변수 목록과 각각의 **WSLENV** 플래그가 뒤따르고, 콜론으로 구분되어 정의된다. 이는 여러 공유 환경 변수를 서로 다른 방식으로 공유하려는 시나리오에 이상적이다. 예를 들어 WSL에서 다음 명령을 실행하면 [그림 3-14]와 같은 출력을 볼 수 있다.

```
$ # WSLENV를 사용하여 윈도우와 공유할 환경 변수들을 만든다.
$ export FORWSL=/mnt/c
$ export FORWIN=/mnt/c/Data
$ export MYPATHLIST=/mnt/c/Users:/mnt/c/Data
$ export TEMPDIR=/mnt/c/temp
$ export WSLENV=FORWSL/u:FORWIN/w:MYPATHLIST/l:TEMPDIR/p
$ # 윈도우에서 만들어진 환경 변수들을 확인해본다.
$ cmd.exe # WSL에서 윈도우 명령 프롬프트를 실행한다.
C:\WINDOWS\system32> echo %FORWSL%
%FORWSL%

C:\WINDOWS\system32> echo %FORWIN%
/mnt/c/Data

C:\WINDOWS\system32> echo %MYPATHLIST%
C:\Users;C:\Data

C:\WINDOWS\system32> echo %TEMPDIR%
C:\Temp
```

```
  C:\Windows\system32\cmd.exe
rkttu@DESKTOP-SPJ1JU2:~$ export FORWSL=/mnt/c
rkttu@DESKTOP-SPJ1JU2:~$ export FORWIN=/mnt/c/Data
rkttu@DESKTOP-SPJ1JU2:~$ export MYPATHLIST=/mnt/c/Users:/mnt/c/Data
rkttu@DESKTOP-SPJ1JU2:~$ export TEMPDIR=/mnt/c/temp
rkttu@DESKTOP-SPJ1JU2:~$ export WSLENV=FORWSL/u:FORWIN/w:MYPATHLIST/l:TEMPDIR/p
rkttu@DESKTOP-SPJ1JU2:~$
rkttu@DESKTOP-SPJ1JU2:~$ cmd.exe
'\\wsl$\Ubuntu-18.04\home\rkttu'
위의 경로를 현재 디렉터리로 하여 CMD.EXE가 실행되었습니다. UNC 경로는
지원되지 않습니다. Windows 디렉터리를 기본으로 합니다.
Microsoft Windows [Version 10.0.19043.928]
(c) Microsoft Corporation. All rights reserved.

C:\Windows>echo %FORWSL%
%FORWSL%

C:\Windows>echo %FORWIN%
/mnt/c/Data

C:\Windows>echo %MYPATHLIST%
C:\Users;C:\Data

C:\Windows>echo %TEMPDIR%
C:\temp

C:\Windows>
```

그림 3-14 한 번에 둘 이상의 환경 변수 설정

3.4 마무리

3장에서는 wsl.conf 구성 파일과 이 파일에서 허용되는 [automount], [network], [interop] 세 가지 섹션을 사용하여 다양한 WSL 시작 구성 파일에 대한 설정 방법을 배웠다. 이러한 시작 구성의 조합은 WSL에서 윈도우 애플리케이션을 시작할 수 있는 기능을 제공하여 드라이브를 마운트하고, 이름 확인을 설정하고, 호스트 파일을 생성하고, 상호운용성을 활성화할 수 있다. 3장의 뒷부분에서 윈도우와 리눅스 사이의 경로 변환을 돕는 유틸리티인 wslpath와 WSLENV를 사용하여 윈도우와 리눅스 운영체제에서 환경 변수를 공유하는 방법을 알아보았다. 4장에서는 WSL 배포판을 설치, 백업, 복원하고 커스터마이징하는 상세한 방법에 대해 살펴보자.

## CHAPTER 4

WSL 배포판 관리

4장에서는 기본 배포판 설정, 내보내기 기능을 사용하여 구성과 설정을 백업하거나, 가져오기 기능을 사용하여 배포판을 복원하는 등 WSL에서 리눅스 배포판 관리 방법을 알아본다. 그 외에도 리눅스 배포판을 등록 취소, 제거, 다시 설치하는 방법을 살펴보고, WSL용 커스텀 리눅스 배포판을 만드는 방법을 살펴본다.

여러분의 시스템에 설치된 리눅스 배포판 목록 조회 방법부터 알아보도록 하자.

4.1 배포판 목록 조회하기

WSL 배포판을 관리하기 전에 컴퓨터에 어떤 리눅스 배포판이 설치되어 있는지 확인해야 한다. 윈도우 10 버전 1903 이상부터는 이를 확인하기 위해 -l이나 --list로 wsl.exe를 실행한다. 이 옵션을 사용하면 시스템에 설치되어 있는 모든 리눅스 배포판을 확인할 수 있다. [그림 4-1]처럼 배포판이 '기본값'으로 표시되어 있다는 것을 기억하자. wsl.exe를 실행할 때 별도의 배포판 이름을 지정하지 않으면 이러한 기본 배포판으로 모든 명령 줄 인수가 전달된다.

```
wsl -l
wsl --list
```

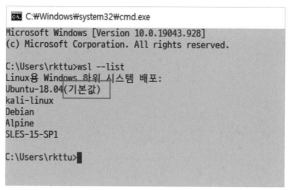

그림 4-1 설치된 리눅스 배포판 목록 조회

현재 실행 중인 리눅스 배포판만 표시하고 싶을 때는 --running 스위치를 사용할 수도 있는데, --list 매개변수 스위치와 함께 사용해야만 작동한다.

```
wsl -list --running
```

[그림 4-2]의 2단계와 같이 리눅스 배포판을 실행하면, 실행 중인 배포판 목록이 나타난다.

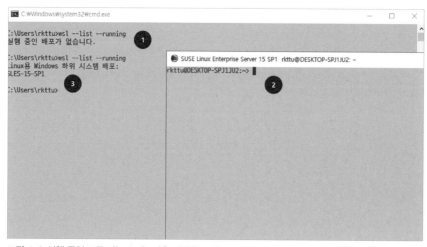

그림 4-2 실행 중인 모든 리눅스 배포판을 나열한 그림

리눅스 배포판 나열 방법을 살펴보았으니, 이러한 리눅스 배포판 중 하나를 WSL의 기본 배포판으로 설정하는 방법을 알아보자.

4.2 기본 배포판 설정하기

기본 배포판을 설정하기 위해 wsl.exe의 --setdefault 또는 -s 명령 줄 매개변수를 사용하고, 그 뒤에 대상 배포판 이름을 인수로 지정한다(그림 4-3).

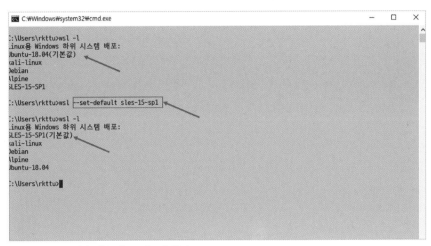

그림 4-3 WSL에서 기본 리눅스 배포판 설정

즉, wsl.exe에 전달하는 모든 명령은 기본적으로 [그림 4-4]에 설명된 대로 기본 리눅스 배포판에서 실행된다. 따라서 아무런 인수 없이 wsl.exe를 실행하면 기본 리눅스 배포판의 세션이 시작된다.

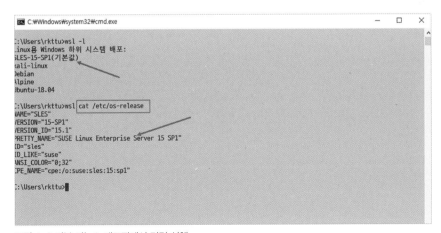

그림 4-4 기본 리눅스 배포판에서 명령 실행

이제 리눅스 배포판 패키지를 내보내는 방법을 살펴보자. 백업의 기본 목적은 누구나 쉽게 공유할 수 있는 배포 가능한 파일에 설정과 구성을 저장하는 것이다.

4.3 WSL 배포판 백업 또는 내보내기

리눅스용 윈도우 하위 시스템(WSL)에서 실행되는 배포판 패키지는 tar^{tape archive} 파일로 내보내기만 하면 백업할 수 있다. 이러한 파일은 통합 유닉스 아카이브 형식의 여러 파일 모음으로 .tar 파일 확장자를 갖는다. tar 파일은 보관 목적으로도 사용되지만, 인터넷을 통해 여러 파일을 보내는 데 널리 사용되는 방법이기도 하다.

리눅스 배포판을 내보내려면 먼저 '관리자 권한'으로 명령 프롬프트를 시작해야 한다. 그 후 **wsl.exe**를 사용하여 설치한 기존 배포판 환경을 모두 조회한다.

```
wsl --list -all
```

이제 시스템에서 리눅스 배포판 환경의 이름을 확인했으니, 다시 **wsl.exe**를 사용하여 내보낼 배포판 이름과 tar 파일을 저장할 경로를 전달하여 [그림 4-5]에 표시된 대로 실행할 수 있다.[1]

```
wsl --export Ubuntu-18.04 c:\temp\ubuntu1804.tar
wsl --export SLES-12 SLES.tar
```

리눅스 배포판과 여기에 설치된 소프트웨어 또는 패키지의 크기에 따라 완료하는 데 몇 분 정도 걸릴 수 있다. 완료 후 내보내는 동안, 지정한 위치에 .tar 파일로 백업된 배포판의 루트 파일 시스템을 찾을 수 있다.

---

1 옮긴이_ WSL 배포판 내보내기를 시작하면 해당 배포판 내의 모든 프로세스가 종료되므로 저장되지 않은 작업은 반드시 먼저 저장해야 한다. 또한 기존에 사용 중인 배포판을 내보낼 때에는 개인정보나 SSH 비밀키와 같은 민감한 정보가 있을 수 있음을 고려해야 한다.

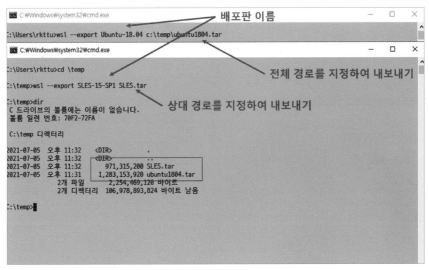

그림 4-5 리눅스 배포판 내보내기

4.4 WSL 배포판 복원 또는 가져오기

이전 절에서 배포판 패키지를 아카이브 .tar 파일로 내보냈다. 이제 이 아카이브를 WSL이 있는 컴퓨터에서 이동, 공유, 복원할 수 있다. 관리자 권한으로 윈도우 명령 프롬프트를 실행하고 **wsl.exe**와 함께 **--import** 매개변수를 사용하기만 하면 된다. 지정된 .tar 파일에서 복원하려는 배포판의 루트 파일 시스템이 담긴 tar 파일의 경로와 배포판 이름을 인수로 전달한다.

```
wsl --import SLES-Imported c:\temp\ c:\temp\SLES.tar
```

[그림 4-6]에서는 배포판 이름을 'SLES-Imported'으로 지정하여 기존에 사용 중이던 'SUSE Linux Enterprise Server(SLES)' 배포판의 백업 복사본을 c:\temp\ 디렉터리 위치로 가져왔다.

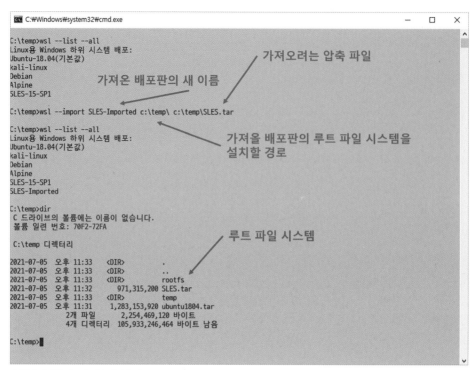

그림 4-6 리눅스 배포판 가져오기

이제 가져온 리눅스 배포판을 배포판 목록에서 볼 수 있으며 가져온 배포판의 모든 파일, 폴더, 패키지가 포함된 루트 파일 시스템이 담긴 rootfs 폴더를 확인할 수 있다(그림 4-7). 앞서 지정한 가져오기 경로 안에 rootfs 폴더가 만들어진 것을 볼 수 있다.[2]

---

2 옮긴이_ WSL 2의 경우 가져오기를 마치고 나면 해당 폴더 위치에 ext4.vhdx 파일이 대신 만들어지며, 이 하이퍼-V 가상 디스크 안에 ext4 형식의 파티션의 모든 내용이 복원된다.

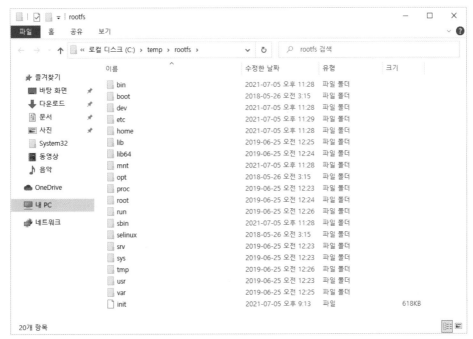

그림 4-7 가져온 리눅스 배포판의 루트 파일 시스템

4.5 WSL 배포판 등록 취소와 제거

배포판 등록 취소는 WSL에서 배포판에 포함된 데이터, 설정, 그리고 설치된 소프트웨어의 연결을 해제하는 것을 의미한다. 배포판 등록 취소가 시작되면 모든 데이터가 영구적으로 파괴된다. 그러나 이렇게 하면 마이크로소프트 스토어에서 받았던 애플리케이션 패키지를 이용하여 다시 배포판의 깨끗한 사본을 설치할 수 있다.

```
wsl --unregister kali-linux
```

[그림 4-8]에서 볼 수 있듯이 'Kali-Linux' 배포판의 등록을 취소하면 내 WSL 목록에 더 이상 나타나지 않는다.

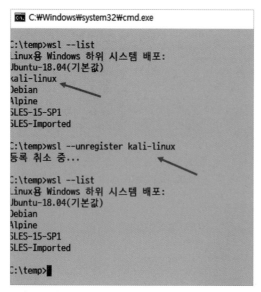

그림 4-8 리눅스 배포판 등록 취소

이제 칼리 리눅스용 마이크로소프트 스토어 페이지로 이동하여 [설치]를 클릭하면 배포판 설치가 다시 시작된다.[3] 그러면 WSL 배포판을 실행할 때 배포판의 깨끗한 복사본이 설치되어(그림 4-9), 새 유닉스 사용자 이름과 암호로 배포판을 다시 설정할 수 있다.

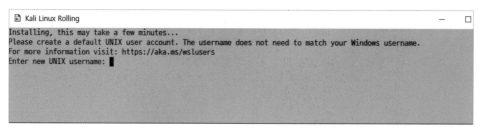

그림 4-9 리눅스 배포판 등록 취소 후 새로 설치하기

윈도우 10에서 배포판을 제거하는 또 다른 방법은 시작 메뉴에서 배포판 이름을 검색한 다음 [그림 4-10]과 같이 [제거] 옵션을 클릭하는 것이다.

---

3 옮긴이_ wsl --unregister 명령어를 실행하면 WSL 배포판만 제거되고, 스토어에서 설치한 AppX 패키지를 제거하지는 않는다.

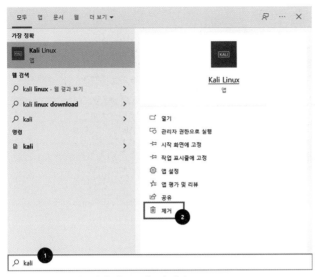

그림 4-10 시작 메뉴에서 리눅스 배포판 제거

또는 [그림 4-11]에 표시된 대로 시작 메뉴로 이동하여 설정을 실행하고 애플리케이션을 클릭한 다음 리눅스 배포판을 검색하고 [제거] 버튼을 이용할 수도 있다. 배포판에 문제가 있거나 고치려는 경우 '고급 옵션'에서 리눅스 배포판 '복구'와 같은 기능을 사용한다.

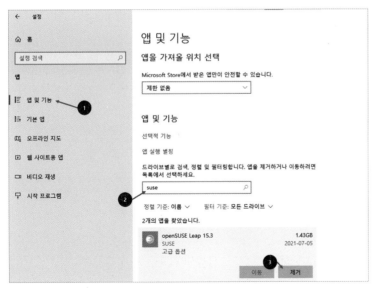

그림 4-11 '애플리케이션 및 기능'에서 리눅스 배포판 제거

4.6 커스텀 WSL 배포판 만들기

최근 마이크로소프트는 관심이 있는 개발자나 관리자가 직접 WSL용 사용자 지정 배포판 패키지를 만들 수 있도록 도구와 샘플 WSL 리눅스 배포판의 런처 코드를 오픈소스로 공개했다. 이는 배포판 개발자가 마이크로소프트 스토어를 통해 리눅스 배포판을 더 많은 사용자에게 배포할 수 있게 해주는 기본 템플릿으로 쓰일 수 있다.

이 프로젝트는 WSL-DistroLauncher라고 하며, 깃허브 리포지터리(*https://github.com/Microsoft/WSL-DistroLauncher*)에 오픈소스로 공개되었다. 이 프로젝트에 담긴 코드는 WSL용 리눅스 배포판 설치 프로그램이자 실행기인 **launcher.exe**의 C++ 구현 샘플이다. 이 배포판 패키지에는 WSL에서 배포판의 등록과 설치를 처리하는 시작 관리자 애플리케이션 코드 샘플이 포함되어 있다. 내부적으로 리눅스 배포판용 사용자 지정 윈도우 하위 시스템을 개발하기 위해서는 사용자 지정 배포판을 구성, 등록, 실행하기 위해 여러 가지 API를 제공하는 헤더 파일 **wslapi.h**가 필요하다.

[표 4-1]에서 앞서 언급한 헤더 파일이 제공하는 일부 함수를 설명해놓았으며, 다음 Microsoft Docs 문서에서 각각의 함수에 대한 자세한 내용을 읽을 수 있다(*https://docs.microsoft.com/en-us/windows/win32/api/wslapi*).

표 4-1 WSL API(wslapi.h) 헤더 파일에서 제공하는 함수 목록과 간단한 설명

함수	설명
WslConfigureDistribution()	WSL에 등록된 배포판의 동작 특성을 변경한다.
WslGetDistributionConfiguration()	WSL에 등록된 배포판의 상세 설정을 가져온다.
WslIsDistributionRegistered()	WSL에 특정 배포판이 등록된 상태인지 확인한다.
WslLaunch()	특정 배포판을 기준으로 WSL 프로세스를 실행한다.
WslLaunchInteractive()	특정 배포판을 기준으로 대화형으로 WSL 프로세스를 실행한다.
WslRegisterDistribution()	새로운 WSL 배포판을 등록한다.
WslUnregisterDistribution()	기존 WSL 배포판을 등록 취소한다.

배포판 실행기가 빌드되고 아이콘 파일, 매니페스트, 인증서 등과 같은 필수 요소가 함께 패키징되면 WSL 위에 사용자 지정 리눅스 배포판을 설치할 수 있다. 빌드 결과물로 만들어질 launcher.exe 실행기의 이름은 Ubuntu1804.exe 또는 그 외의 배포판 실행기와 같이 커스텀 배포판의 이름을 따서 MyCustomDistro.exe와 같은 이름을 사용한다. 프로젝트를 사용하면 이 배포판 시작 관리자가 수락할 수 있는 명령 줄 인수를 제어하고, [그림 4-12]에 표시된 대로 사용자 고유의 도움말 문서를 작성할 수도 있다.

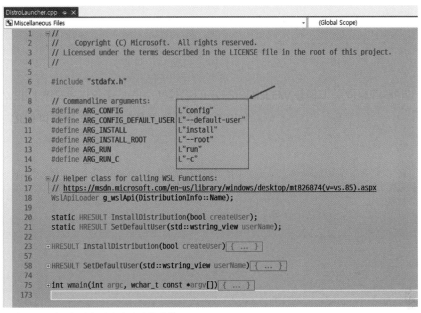

그림 4-12 배포판 시작 관리자 명령 줄 옵션

4.7 마무리

4장에서는 WSL의 리눅스 배포판을 관리하는 방법을 배웠고, 모든 리눅스 배포판을 나열하고 실행 상태에 따라 필터링한 다음 WSL에 대한 기본 배포판을 설정하는 방법을 살펴보았다. 후반부에는 리눅스 배포판을 파일 백업으로 내보낸 후, 다른 컴퓨터로 가져와서, WSL에 리눅스 배포판을 복원하고, 리눅스 배포판을 백업하는 방법을 배웠다. 마지막으로 리눅스 배포판이 필요하지 않은 경우 등록을 취소하고 제거하는 몇 가지 접근 방식을 알아보고, WSL용 커스텀 리눅스 배포판을 만드는 데 도움이 되는 도구를 살펴보면서 마무리했다.

5장에서는 WSL 버전 2에 대해 다룬다. WSL 1에서 WSL 2로 아키텍처가 어떻게 변경되었으며, 기능은 어떤 차이가 있는지 알아보자.

## CHAPTER 5

WSL 2 알아보기

5장에서는 리눅스용 윈도우 하위 시스템 버전 2(WSL 2)에 대해 배우고, 버전 2에서 새롭게 추가된 기능 및 버전 1과 버전 2 차이점에 대해 알아본다. 또한 컴퓨터에 WSL 2를 설치하고 리눅스 배포판에서 WSL 2를 사용하도록 설정하는 방법도 알아본다. 마지막으로 WSL 2의 아키텍처와 기능을 살펴본다. 이 장은 서두에서 WSL 2의 아키텍처 변경 사항을 간략하게 설명하고, 후반부에서 WSL 2가 만들어진 목적을 이해할 수 있도록 구성했다. WSL 2에 대해 하나씩 살펴보자.

5.1 WSL 2의 새로운 기능

WSL 2는 WSL의 최신 버전이고, 가장 고도화된 기능을 제공한다. WSL 2는 다음 두 가지의 주된 목표를 달성하기 위하여 개발되었으며, 모두 커뮤니티에서 많은 요청이 있었던 것들이다.

1 **더 나은 파일 입출력 성능**: 입출력 성능이 향상되면 파일 읽기와 쓰기 속도가 빨라진다. 입출력 속도는 파일 읽기 작업을 얼마나 많이 하는가에 따라 전적으로 좌우된다. git clone, npm install, apt update 또는 apt upgrade 같은 작업은 WSL 1에 비해 WSL 2에서 약 2~3배 정도 더 빨라졌고, 압축된 타르볼 파일tarball file[1]을 푸는 것은 약 20배 이상 빨라졌다.

---

1 옮긴이_ 리눅스와 유닉스 시스템에서 널리 쓰이는 보편적인 파일 압축 포맷이다(*https://vo.la/srvdV*).

2 완전한 시스템 호출 지원: WSL 1에서 실행되는 리눅스 바이너리가 만들어내는 모든 시스템 호출(파일 접근, 메모리 요청, 프로세스 생성 등)은 각각 윈도우 운영체제의 시스템 호출로 번역되어 호출된다. 이를 통해 WSL 팀은 번역 계층을 만들어냈지만, 그 자체로 성능상의 한계가 있을 뿐 아니라 모든 리눅스 시스템 호출을 윈도우 시스템 호출로 변환하는 것도 불가능했다. 또한 마이크로소프트의 WSL 팀은 리눅스 커널의 변경 사항을 이 변환 계층에 모두 구현하고 조정해야 했다.

따라서 마이크로소프트는 WSL 2가 시스템 호출 호환성을 완벽하게 지원하고, 커널 업데이트를 쉽게 제공할 수 있도록 자체적으로 관리하는 리눅스 커널을 포함하기로 결정했다. 이를 통해 도커나 그 외의 고급 기능을 사용하고 기존에 지원되지 않았던 더 많은 애플리케이션을 WSL 2에서 원활하게 실행될 수 있도록 만들었다. 또한 리눅스 커널의 포크fork[2] 버전을 직접 유지 관리하고 있다. 즉, 리눅스 커널에 대한 모든 업데이트는 윈도우 운영체제의 업데이트 주기에 맞추지 않고, 좀 더 신속하게 업데이트 및 게시하여 최종 사용자에게 배포할 수 있다. 커널에 반영되는 모든 개선 사항과 보안 수정 사항은 윈도우 업데이트를 통해 제공된다.

이러한 목표를 염두에 두고 WSL 1 사용자가 큰 차이를 느끼지 않게 하면서, 일관성이 있는 사용자 환경을 유지하는 것도 중요했다.

WSL 1은 사용자에게 ELF64 리눅스 바이너리를 WSL에서 구동할 수 있도록 해주었지만, WSL 2는 리눅스 바이너리들이 윈도우 운영체제 및 시스템 하드웨어와 어떻게 상호작용할 것인지 그 방법에 변화를 주었다. 마이크로소프트는 WSL 2에서 리눅스 커널을 윈도우 안에 포함시켜, 더 고도화된 가상화 기술을 사용하도록 만들었다. 이제 완전한 커널을 사용할 수 있으므로 WSL 2에서는 ELF32 바이너리나 리눅스 커널에서 제공하던 다른 모든 기능도 그대로 지원하고 있다.

WSL 2를 사용하기 전 충족해야 하는 두 가지 조건이 있다. 첫째, WSL 2는 윈도우 10 버전 1903 이상으로 업그레이드해야 사용할 수 있다. 둘째, [그림 5-1]처럼 'Windows 참가자 프로그램'에 참여하고 Fast 또는 Slow 링(더 안정적인 업데이트를 제공함)을 선택하여 WSL 2와 함께 제공되는 윈도우 빌드의 미리 보기 릴리스를 받아야 한다.[3] 이미 윈도우 10 버전 1903 또는 그 이상의 버전을 실행 중이라면 두 번째 조건은 무시해도 된다.

---

2 옮긴이_ *https://vo.la/mtth5*
3 옮긴이_ 현재, Fast 링은 Dev 채널, Slow 링은 Beta 채널로 이름이 변경되었다.

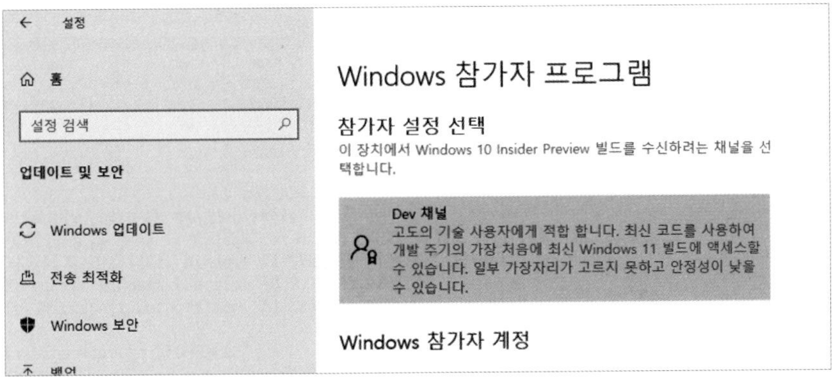

그림 5-1 Windows 참가자 프로그램 선택

WSL 2는 윈도우 10 버전 2004의 일부가 되었으며, 1903 버전부터는 업데이트를 통해 사용할 수 있도록 추가 배포되었다. 이것은 운영체제 이미지에 리눅스의 기능을 포함하는 방법 대신, 윈도우 업데이트를 통해 설치 환경을 간소화하여 리눅스 커널의 서비스 모델을 개선하기 위한 마이크로소프트의 새로운 전략이다. 즉 소프트웨어, 패치, 드라이버와 마찬가지로 모든 리눅스 커널 업데이트가 윈도우 업데이트를 통해 시스템에 잘 적용될 수 있도록 제공된다. 최신 버전의 리눅스 커널을 받기 원한다면, 윈도우 업데이트 화면에서 [업데이트 확인] 버튼을 클릭하고 [그림 5-2]같이 이 업데이트를 설치하기만 하면 된다.

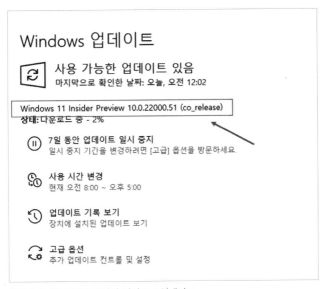

그림 5-2 윈도우 11 개발자 버전으로 업데이트

아마도 WSL 1과 그동안 필자가 설정했던 리눅스 배포판은 도대체 어떻게 되는 것일까 궁금해하는 독자들이 있을 것이다. 마이크로소프트는 WSL 1의 개발을 중단하거나 버리는 것일까? 이 질문에 대한 마이크로소프트의 답은 WSL 1을 더 이상 사용하지 않을 의도도 없고, 그럴 계획도 없다는 것이다. 두 버전은 나란히 실행할 수 있도록 설계되었기 때문에 어느 한쪽을 반드시 선택해야 하는 의무가 있는 것도 아니다. 즉, WSL 1과 WSL 2 리눅스 환경은 나란히 실행될 수 있으며 필요할 때마다 배포판의 실행 환경을 업그레이드하거나 다운그레이드할 수 있다. 5장의 뒷부분에서 이를 어떻게 할 수 있는지 살펴볼 것이다.

5.2 WSL 2의 아키텍처

WSL 2와 함께 제공되는 리눅스 커널은 경량 유틸리티 가상 머신(VM)에서 실행되며, 원래 이것은 하이퍼-V 기반의 격리된 컨테이너를 하나의 단일 호스트 머신 서버에서 여러 개 실행할 수 있도록 설계된 개념이다. 또한 이 경량 유틸리티 VM 방식은 빠른 부팅 속도를 지원한다.

이 방식은 기존의 VM 방식과는 차이가 있지만, 하이퍼-V 기반의 최신 가상화 기술을 통해 리소스 사용량, 부팅 시간, 등 전통적인 VM에 비해 생성, 구성, 관리에 드는 시간과 비용을 최소화할 수 있다. [표 5-1]은 이를 정리한 내용이다.

표 5-1 기존 VM과 WSL에서 사용하는 경량 유틸리티 VM 비교

전통적인 VM	WSL 2 경량 유틸리티 VM
게스트 운영체제는 호스트 운영체제와 격리되어 있다.	게스트 운영체제는 호스트 운영체제와 긴밀하게 연동된다.
부팅 시간이 오래 걸린다.	부팅 시간이 거의 들지 않으며, 1초 안에 부팅이 끝난다.
메모리 소비량이 많다.	메모리 소비량이 적다.
VM을 만들고 관리해야 한다.	VM을 자동으로 설정할 수 있고 필요할 때만 실행할 수 있다.

WSL 2 리눅스 배포판이 시작될 때 내부에서 어떤 일이 일어나는지 더 자세히 살펴보도록 하자. 먼저, 모든 WSL 인스턴스가 종료되었는지 확인한다.

```
wsl --shutdown
```

그런 다음 기본으로 설정된 WSL 2 배포판에서 명령을 실행하면, 해당 배포판의 상태가 '실행 중' 상태로 바뀌는 것을 보게 될 것이다. 이제 관리자 권한으로 파워셸 콘솔을 시작하고, 호스트 컴퓨팅 서비스에서 관리하는 윈도우 컨테이너를 확인하는 진단 도구인 `hcsdiag.exe list` 명령을 실행하자. 이 명령어는 지금 실행하고 있는 모든 하이퍼-V 기반 컨테이너를 나열한다. 1초 안에 빠르게 만들어진 경량화된 가상 머신(VM)이 나타날 것이다(그림 5-3).

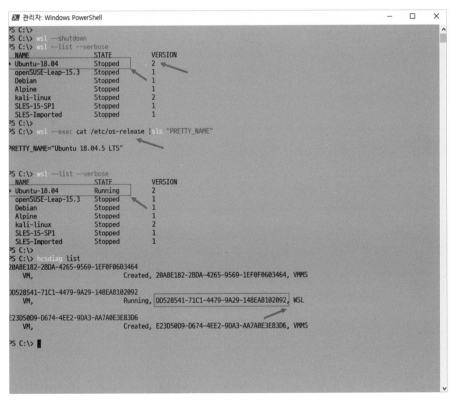

그림 5-3 호스트 컴퓨팅 서비스로 경량화된 가상 머신 생성하기

[그림 5-3]에서 서로 다른 두 컨테이너는 호스트 컴퓨터에 이미 생성되어 실행 중인 하이퍼-V 가상 머신을 나타낸다. [그림 5-4]에서 볼 수 있듯이 `hcsdiag.exe` 목록의 전역 고유 식별자globally unique identifier(GUID)와 `Get-VM` 명령어의 결과가 일치하는 것을 확인할 수 있다.

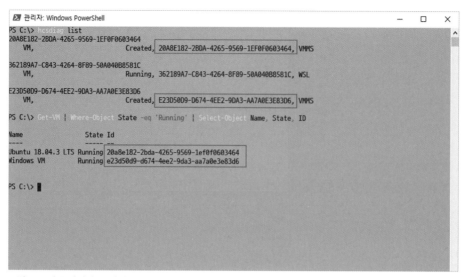

그림 5-4 다른 하이퍼-V 가상 머신

모든 WSL 2 인스턴스를 다시 종료한 다음, WSL 2 리눅스 배포판에서 명령을 실행하면, [그림 5-5]와 같이 새로운 GUID를 부여받은 경량 유틸리티 VM의 새 컨테이너에서 시작되는 것을 볼 수 있다.

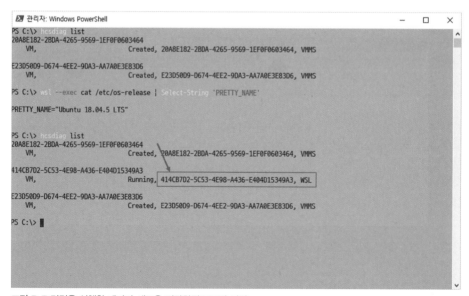

그림 5-5 명령을 실행할 때마다 새로운 경량화된 VM이 시작

이제 리눅스 커널이 이러한 경량 VM에서 실행된다는 사실을 이해했으므로, [그림 5-6]에서 설명한 대로 WSL 2의 실제 아키텍처와 함께 윈도우 운영체제에서 리눅스 애플리케이션을 시작하는 과정과 어떻게 리눅스 VM이 윈도우 환경에 통합되어 두 환경에서 원활하게 작동하고 최상의 사용자 경험을 제공할 수 있는지 그 방법에 대해 자세히 살펴보자.

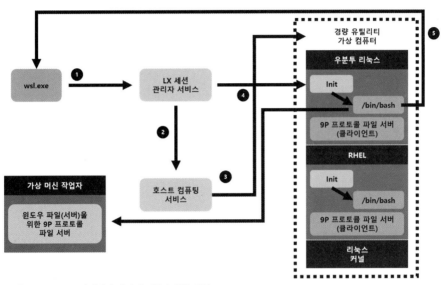

그림 5-6 WSL 2 아키텍처 다이어그램과 실행 흐름

WSL 2는 다음과 같은 실행 흐름으로 동작한다. 그림과 함께 보면 이해하기 쉽다.

1 `wsl.exe`는 설치된 배포판을 새로 시작하거나 나열하는 기능을 제공하며, LxssManager 서비스를 통해 활성화된 하위 시스템과 상호작용하는 데 사용된다.

2 LXSS 매니저는 어떤 배포판이 설치되고 실행 중인지 목록을 관리하며, 호스트 컴퓨팅 서비스를 호출한다.

3 호스트 컴퓨팅 서비스는 WSL 2가 작동할 때 꼭 필요한 하이퍼-V 가상화 기술이며, 경량 유틸리티 VM을 만들어 리눅스 커널을 불러올 수 있다.

4 VM이 리눅스 배포판의 파일 시스템에 매핑되고, 초기화 프로세스가 호출되어, 애플리케이션을 초기화하고 실행한다.

5 윈도우의 표준 입력에서 리눅스 애플리케이션(여기서는 bash)으로 데이터가 전달되도록 설정되어, 리눅스 측과 윈도우 환경 사이에 통신이 가능하도록 구성되고, 윈도우에서 명령이 실행될 때 리눅스 애플리케이션 내부에서 무슨 일이 일어나는지 확인할 수 있다.

윈도우 표준 입력은 소켓으로 명령을 전달하고, 경량화된 게스트 운영체제의 소켓에서 그 명령을 읽는다. bash와 같은 리눅스 애플리케이션의 표준 입력 자체가 경량화된 게스트 운영체제와 연결된 소켓이다.

이러한 VM은 리눅스 애플리케이션을 구동하는 동안에만 실행되며, 리눅스 애플리케이션을 종료하거나 `wsl.exe`를 종료하면 사라진다. 리눅스 애플리케이션을 다시 시작하면 VM이 새롭게 다시 시작된다.

참고로 컴퓨터에서 실행 중인 WSL 2 리눅스 배포판은 몇 개가 설치되어 있든 관계없이 모두 하나의 경량 유틸리티 VM 내에서 시작된다. 즉, WSL 2를 사용하여 여러 배포판을 쉽게 실행할 수 있도록 사용자당 하나의 리눅스 유틸리티 VM만 생성된다. 각 배포판은 격리된 컨테이너에서 실행되므로 간섭 등의 문제는 발생하지 않는다. 이는 리눅스 네임스페이스 API[4]를 통해 구현된 개념으로, 모든 배포판이 단일 VM에서 실행되도록 하여 메모리와 리소스 사용량을 줄이는 데 도움이 된다.

반면, WSL 2에서 윈도우 파일에 접근하기 위해 `/mnt/c`와 같은 마운트 지점을 사용한다. 이곳으로 들어오는 요청은 모두 9P 프로토콜 파일 서버를 사용하여 처리한다. 리눅스 커널은 경량 VM, 즉 게스트 운영체제에서 실행되는 9P 프로토콜 서버의 클라이언트 역할을 한다. 그래서 윈도우에서는 호스트 운영체제(윈도우 10)에서 실행되는 9P 서버에 요청하여 리눅스 파일에 접근할 수 있다.

5.3 설치와 구성

WSL은 윈도우 10 기능으로 제공되지만, 앞 장에서도 이야기하였듯이 WSL 1을 활성화하기 위해서 거쳐야 하는 특정 단계가 있다. 그 외에도 '가상 머신(VM) 플랫폼' 기능을 활성화하기 위해 필요한 사항도 있다. 이 두 가지 필수 구성 요소가 충족되면 WSL 1 리눅스 배포판을 WSL 2로 변환하거나, 향후 설치되는 모든 리눅스 배포판에 대한 기본값을 WSL 2로 선택할 수 있다.

한 번에 한 단계씩 수행해보자.

------

4 옮긴이_ *http://man7.org/linux/man-pages/man7/namespaces.7.html*

5.3.1 WSL 1 활성화하기

윈도우 10에서 리눅스를 사용하지 않았다면, 여기서부터 시작하면 된다. 다음 단계에 설명된 대로 먼저 윈도우 기능에서 WSL을 활성화하여 시작할 수 있다.

1 윈도우 작업 표시 줄의 화면 왼쪽 하단에서 [시작] 버튼을 클릭한다.

2 검색 상자에서 'Windows 기능 켜기/끄기'를 검색한 다음 상단의 결과를 클릭한다(그림 5-7).

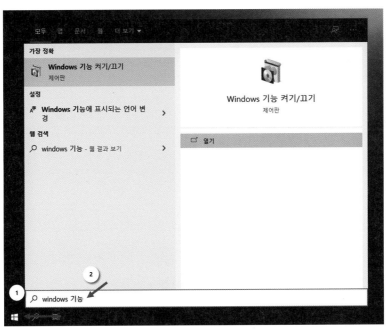

그림 5-7 'Windows 기능 켜기/끄기' 검색

3 'Windows 기능 켜기/끄기' 대화 상자가 열린다. 아래로 스크롤하여 'Linux용 Windows 하위 시스템 (WSL)' 기능 상자가 선택되어 있는지 확인한다. [확인]을 선택하고 대화 상자를 종료한다.

4 시스템을 다시 시작하라는 메시지가 표시될 수 있으므로 열려있는 모든 작업을 저장한다. 실행 중인 애플리케이션을 모두 닫기 위해 프롬프트의 내용을 따르도록 한다.

WSL 1이 활성화되고 시스템이 다시 시작되면, 이제 '가상 머신 플랫폼'을 활성화해야 한다. 다음의 단계를 거쳐 활성화할 수 있다. 단, 다음 단계들은 CPU가 하드웨어 가상화를 지원해야 하며, BIOS 또는 UEFI에서 하드웨어 가상화 기능이 활성화된 경우에만 실행할 수 있다.

5.3.2 '가상 머신 플랫폼' 활성화하기

1 관리자 권한으로 파워셸 세션을 시작한다.

2 파워셸에서 다음 명령을 실행했을 때 [그림 5-8]처럼 결과가 표시되면 기능이 성공적으로 활성화된 것이다.

```
Enable-WindowsOptionalFeature -Online -FeatureName
VirtualMachinePlatform
```

그림 5-8 가상 머신 플랫폼 활성화

3 메시지가 나타나면 시스템을 다시 시작한다.

여기까지 완료하면, 이제 기존에 설치한 리눅스 배포판을 WSL 2용으로 변환하거나, 새로 설치될 배포판의 기본 아키텍처로 WSL 2를 선택할 수 있다.

5.3.3 WSL 2 활성화하기

WSL 2를 활성화하기 전에 따라야 하는 몇 가지 임시 단계가 있다. 리눅스 커널 업데이트를 수동으로 설치하기 위해 필요한 단계다. 아마 나중에는 WSL 업데이트가 윈도우 업데이트를 통해 제공될 것이며, 그때부터는 더 이상 지금 설명하는 내용이 필요하지 않다.[5]

1 다음 주소에서 WSL 2 리눅스 커널 업데이트를 다운로드한다(*https://wslstorestorage.blob.core.windows.net/wslblob/wsl_update_x64.msi*).

2 다운로드가 완료되면 다운로드 위치에서 `wsl_update_x64.msi` 파일로 업데이트를 실행하고 적용한다.

3 업데이트가 적용되면 시작 메뉴로 이동하여 관리자 권한으로 `PowerShell.exe`를 시작한다.

---

5 옮긴이_ Windows 10 2004 버전 이상, 그리고 Windows 11부터는 `wsl --install` 명령어를 사용하여 WSL 2 리눅스 커널 파일을 더 쉽게 설치할 수 있도록 개선되었다.

4 이제 [그림 5-9]에 설명한 대로 다음 명령을 실행하여 WSL 2를 앞으로 시스템에 설치할 모든 새로운 리눅스 배포판의 기본 아키텍처로 만든다. 기존에 설치된 WSL 1에서 실행되는 리눅스 배포판에는 영향을 주지 않으며, 함께 공존할 수 있다.

```
wsl --set-default-version 2
```

관리자: Windows PowerShell
PS C:\>
PS C:\> wsl --set-default-version 2
WSL 2와의 주요 차이점에 대한 자세한 내용은 https://aka.ms/wsl2를 참조하세요
PS C:\>

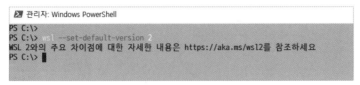

그림 5-9 새로운 리눅스 배포판의 기본 아키텍처로 WSL 2를 설정

5 WSL 2 아키텍처를 사용하도록 기존 리눅스 배포판을 변경하려면, [그림 5-10]과 같이 `wsl --set-version`에 리눅스 배포판 이름과 2를 인수로 추가하여 명령어를 실행한다.

```
wsl --set-version kali-linux 2
```

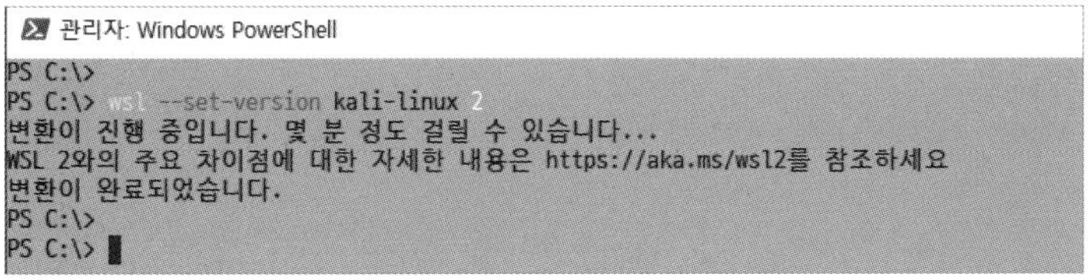
관리자: Windows PowerShell
PS C:\>
PS C:\> wsl --set-version kali-linux 2
변환이 진행 중입니다. 몇 분 정도 걸릴 수 있습니다...
WSL 2와의 주요 차이점에 대한 자세한 내용은 https://aka.ms/wsl2를 참조하세요
변환이 완료되었습니다.
PS C:\>
PS C:\>

그림 5-10 WSL 1 리눅스 배포판을 WSL 2로 변환

5.3.4 리눅스 배포판 하위 시스템을 확인하고 WSL 1로 되돌리기

다음 명령을 사용하여 리눅스 배포판에서 사용 중인 아키텍처를 쉽게 확인할 수 있다.

```
wsl --list --verbose
```

버전 정보와 함께 모든 리눅스 배포판이 나열되며, [그림 5-11]에서 볼 수 있듯이 앞에서 변환하도록 요청한 'Kali-Linux' 배포판이 변환 중이거나 변환된 것을 볼 수 있다.

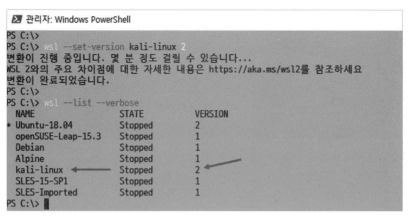

그림 5-11 리눅스 배포판 WSL 버전 확인

다시 WSL 1 아키텍처를 사용하려는 경우, 다음과 같이 배포판을 WSL 1을 사용하도록 명령어를 실행하면 매우 쉽게 변환할 수 있다(그림 5-12).

```
wsl --set-version kali-linux 1
```

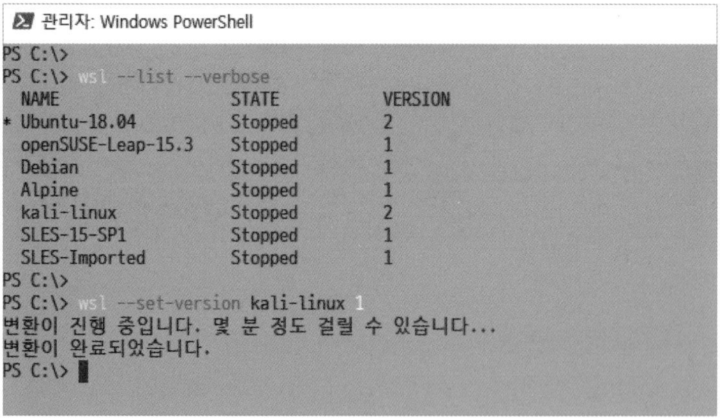

그림 5-12 리눅스 배포판 플랫폼을 WSL 1로 되돌리기

만약 WSL 2를 도입하기에 이르다고 생각하거나 불안하다면, 기본 컴퓨터 시스템에서 실행하지 않고 별도의 가상 머신에서 기능을 시험해볼 수 있다. WSL을 가상 머신에서 실행하기 전, 몇 가지 알아야 할 사항과 필요한 설정이 있다.

5.4 가상 머신에서 WSL 2 실행하기

하이퍼-V 기반 가상 머신에서도 WSL을 실행할 수 있다. 가상 머신에 중첩된 가상화가 활성화되어 있는지 확인만 하면 된다(그림 5-13).

파워셸을 사용하여 해당 설정을 활성화할 수 있다. 이때 관리자 권한이 필요하므로, 관리자 권한으로 파워셸 콘솔을 실행하여 다음 명령을 실행한다. 그리고 정확한 가상 머신의 이름을 제공해야 한다. 이 명령어를 통해 설정을 바꾸려면 반드시 가상 머신이 '중지'된 상태여야 한다. 실행 중인 가상 머신에는 적용할 수 없다.

```
Get-VM 'Name' | Set-VMProcessor -ExposeVirtualizationExtensions $true
```

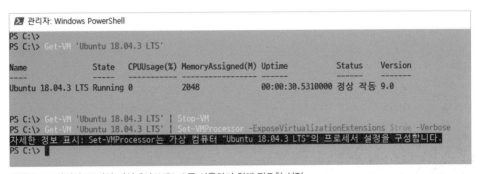

그림 5-13 하이퍼-V 가상 머신에서 WSL 2를 사용하기 위해 필요한 설정

몇몇 잘 알려진 가상화 애플리케이션은 시스템에서 하이퍼-V가 사용 중일 때 작동하지 않는다. 즉, VM웨어VMware나 버추얼 박스VirtualBox 같은 가상화 소프트웨어를 사용하면서 WSL 2를 실행하지 못할 수 있다. 그러나 최근에는 WSL 2와 하이퍼-V를 활성화한 상태에서도 함께 동작할 수 있게 개선한 버전을 출시했다.

다음을 통해 자세한 내용을 찾아볼 수 있다.[6]

- *www.virtualbox.org/wiki/Changelog-6.0*
- *https://blogs.vmware.com/workstation/2020/01/vmware-workstation-tech-preview-20h1.html*[7]

5.5 WSL 1과 WSL 2 사이에는 무슨 변화가 있을까?

마이크로소프트는 두 아키텍처에서 사용자 환경을 일관되게 유지하기 위해 최선을 다했지만, 그럼에도 불구하고 WSL 2 사용자는 WSL 1에서 WSL 2로 전환할 때 전체 사용자 환경에서 다음 세 가지의 큰 변화를 경험하게 된다.

5.5.1 더 빠른 파일 입출력 속도

더 빠른 파일 입출력 성능을 체감할 수는 있지만 이를 위해서는 모든 파일을 반드시 리눅스 배포판 루트 파일 시스템 안에 보관해야 한다. 이제 WSL 2에서 완전한 리눅스 커널을 사용할 수 있으므로 파일 입출력 속도에 의존하는 작업이 WSL 1과 비교했을 때 몇 배는 더 빨라진다.

실제로 얼마나 성능이 좋아졌는지 측정해보기 위해 패키지 관리자를 사용하여 소프트웨어 설치를 테스트하고, WSL 1과 WSL 2에서 각각 curl로 요청을 보내 웹 소켓을 테스트해보기로 한다.

```
time sudo apt install ruby -y
time curl google.com
```

---

6 옮긴이_ 원서에서는 언급하고 있지 않지만, 만약 안드로이드 에뮬레이터를 사용 중인 경우 WHPX—윈도우 하이퍼바이저 플랫폼 기능을 활성화하여 WSL 2와 함께 안드로이드 에뮬레이터를 실행할 수도 있다. 이에 관한 자세한 내용은 다음 페이지를 참고하기 바란다 (*https://developer.android.com/studio/run/emulator-acceleration?hl=ko#vm-windows-whpx*).

7 옮긴이_ 원서가 저술될 당시에는 출시되지 않았지만, 나중에 출시된 VM웨어 워크스테이션 15.5와 VM웨어 플레이어 15.5 이상의 버전을 사용할 경우 WSL 2나 하이퍼–V와 함께 VM웨어 워크스테이션을 동시에 사용할 수 있다. 이에 관한 내용은 관련 페이지를 참고하기 바란다(*https://blogs.vmware.com/workstation/2020/05/vmware-workstation-now-supports-hyper-v-mode.html*). 단, 하이퍼–V와 함께 실행 중일 때에 하이퍼–V 이외의 다른 가상 머신에서는 중첩 가상화 기능을 이용할 수 없다. 중첩 가상화 기능은 하이퍼 V로 만든 가상 머신에서만 사용할 수 있다.

WSL 1 환경에서 ruby 패키지를 설치할 때 30초가 걸렸고, google.com에 보낸 웹 요청 응답이 돌아오기까지 5초가 걸렸다(그림 5-14). WSL 2에서 동일한 테스트를 진행해보자. 이때 같은 리눅스 배포판에서 이 테스트를 진행해야 의미가 있다. 이 테스트는 우분투 18.04 LTS 리눅스 배포판에서 진행한다. 새로운 테스트를 하기 전 WSL 1에서 실행 중인 이 리눅스 배포판을 WSL 2로 변경하고, 루비Ruby 소프트웨어 패키지를 다시 설치하기 위해 제거해야 한다.

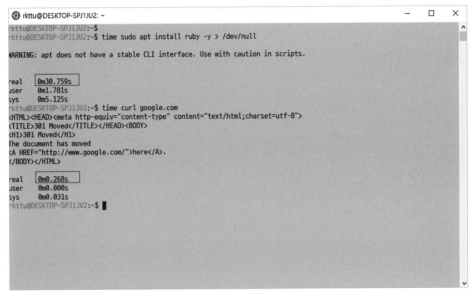

그림 5-14 WSL 1의 파일 시스템 성능과 웹 소켓 성능

WSL 2에서는 [그림 5-15]에 나온 것처럼 ruby 패키지를 설치하기까지 5초 정도가 소요되었고(WSL 1보다 6배 빠름), 웹 요청을 보내어 응답을 받기까지 1/10초(WSL 1보다 50배 빠름)가 소요되었다. WSL 1 아키텍처에 비해 상당히 높은 성능을 보여준다.

그림 5-15 WSL 2의 파일 시스템 성능과 웹 소켓 성능

5.5.2 WSL 2는 이제 가상 하드웨어 디스크(VHD)를 사용한다

WSL 2는 다른 VM과 마찬가지로 경량 유틸리티 VM에서 실행되기 때문에 모든 리눅스 파일을 ext4 파일 시스템을 사용하는 가상 하드웨어 디스크^{virtual hard disk}(VHD)에 저장한다. VHD 파일은 처음 만들어질 때 최대 256GB까지 늘어날 수 있도록 만들어지며, 사용량에 따라 최대 제한에 도달할 때까지 스토리지 요구사항을 충족하기 위해 자동으로 크기가 조절된다. 한계에 도달하면 '디스크 공간 부족' 오류가 발생한다. 이러한 오류를 고치려면, 다음 단계를 수행하여 VHD 크기를 확장해야 한다.

1 다음 명령을 사용하여 실행 중인 모든 WSL 인스턴스를 종료한다.

```
wsl --shutdown
```

2 파워셸을 사용하여 리눅스 배포판의 설치 패키지 이름 PackageFamilyName과 ext4.vhdx 파일의 전체 경로를 찾는다.

```
$pkgFamilyName = (Get-AppxPackage -Name "*ubuntu*").PackageFamilyName
$Path = "$env:LOCALAPPDATA\Packages\$pkgFamilyName\LocalState\*.vhdx"
```

```
$vhd = Get-ChildItem $Path
Resize-VHD -Path $VHD.FullName -SizeBytes
```

마지막으로 Hyper-V 파워셸 모듈의 Resize-VHD 명령어를 사용하여 VHD 파일의 크기를 [그림 5-16]
과 같이 원하는 크기로 확장한다.

```
관리자: Windows PowerShell
PS C:\> $pkgFamilyName = (Get-AppxPackage -Name "*ubuntu*").PackageFamilyName
PS C:\> $Path = "$env:LOCALAPPDATA\Packages\$pkgFamilyName\LocalState\*.vhdx"
PS C:\> $vhd = Get-ChildItem $Path
PS C:\> Resize-VHD -Path $VHD.FullName -SizeBytes 300GB
PS C:\>
```

그림 5-16 WSL 2 가상 하드웨어 디스크 크기 조정

3 크기 조정이 완료되고 별다른 오류가 발생하지 않으면 WSL 2 리눅스 배포판을 다시 시작한다.

4 이제 WSL 내에서 파일 시스템의 크기를 확장하고, 앞 단계에서 수행한 변경 사항이 리눅스 내부에도 반영
되도록 만들어야 한다. 이를 위해 WSL 배포판에서 다음 명령을 실행하여 파일 시스템이 탑재되었는지 확
인해야 한다.

```
sudo mount -t devtmpfs none /dev
```

이 작업이 완료되면 다음 명령을 사용하여 ext4 유형의 파일 시스템을 필터링하여 사용 중인 루트 파일 시
스템을 찾아야 한다. 그러면 [그림 5-17]과 같이 대상으로 지정할 마운트 지점이 따로 표시된다.

```
mount | grep ext4
```

5 위의 항목에서 /dev/sdb처럼 해당되는 항목의 이름을 복사하고 다음 명령어를 실행한다.

```
sudo resize2fs /dev/sd**
```

위의 예제에 사용한 별표(*) 문자를 대신해 올바른 문자로 바꾸어 실행해야 한다. 오류 없이 성공적으로 실
행되면 VHD 확장이 완료된 것이다. resize2fs는 리눅스 배포판에 기본으로 포함되어 있지 않은 유틸리
티일 수 있으며, 이때는 별도로 설치해야 한다.

```
● rktttu@DESKTOP-SPJ1JU2: ~

rktttu@DESKTOP-SPJ1JU2:~$
rktttu@DESKTOP-SPJ1JU2:~$ sudo mount -t devtmpfs none /dev
[sudo] password for rktttu:
mount: /dev: none already mounted on /dev.
rktttu@DESKTOP-SPJ1JU2:~$ mount | grep ext4
/dev/sdb on / type ext4 (rw,relatime,discard,errors=remount-ro,data=ordered)
rktttu@DESKTOP-SPJ1JU2:~$ sudo resize2fs /dev/sdb
resize2fs 1.44.1 (24-Mar-2018)
Filesystem at /dev/sdb is mounted on /; on-line resizing required
old_desc_blocks = 32, new_desc_blocks = 38
The filesystem on /dev/sdb is now 78643200 (4k) blocks long.

rktttu@DESKTOP-SPJ1JU2:~$ █
```

그림 5-17 WSL 2 내에서 VHD 확장

5.5.3 네트워크 관련 변경 사항과 고려 사항

WSL 1에서 리눅스 배포판을 사용하면 모든 리눅스 시스템 호출이 윈도우 시스템 호출로 변환되고, 시스템에서 LAN을 사용할 때에도 WSL에서 실행되는 모든 애플리케이션은 윈도우의 LAN을 직접 사용하게 된다. 그러나 WSL 2는 경량 유틸리티 VM 안에서 실행되고, [그림 5-18]처럼 자체 IP 주소가 할당된 가상화된 이더넷 어댑터가 있기 때문에 네트워크 동작 방식이 달라지게 된다.

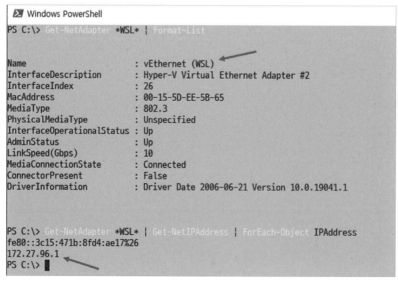

```
Windows PowerShell

PS C:\> Get-NetAdapter *WSL* | Format-List


Name                      : vEthernet (WSL)
InterfaceDescription      : Hyper-V Virtual Ethernet Adapter #2
InterfaceIndex            : 26
MacAddress                : 00-15-5D-EE-5B-65
MediaType                 : 802.3
PhysicalMediaType         : Unspecified
InterfaceOperationalStatus : Up
AdminStatus               : Up
LinkSpeed(Gbps)           : 10
MediaConnectionState      : Connected
ConnectorPresent          : False
DriverInformation         : Driver Date 2006-06-21 Version 10.0.19041.1



PS C:\> Get-NetAdapter *WSL* | Get-NetIPAddress | ForEach-Object IPAddress
fe80::3c15:471b:8fd4:ae17%26
172.27.96.1
PS C:\> █
```

그림 5-18 WSL 2에 있는 전용 가상 이더넷 어댑터

또한 WSL 2는 출시된 지 얼마 되지 않은 제품이고 계속해서 개발이 진행되고 있으므로, 초기 버전에서는 호스트 컴퓨터의 IP 주소를 사용하여 리눅스에서 윈도우 운영체제로 접근해야만 한다. 하지만 이 부분은 점차 개선될 것이다.

리눅스에서 윈도우 애플리케이션에 접근하기

예를 들어 필자의 컴퓨터는 윈도우 10 버전 2004(운영체제 빌드 번호 19041.172)를 실행 중이고, 윈도우 10 측에서 실행되는 간단한 Node.js 서버가 있으며, curl 명령어로 WSL 2 내부에서 [그림 5-19]와 같이 루프백 주소를 사용하여 서버에 쉽게 접근할 수 있다.

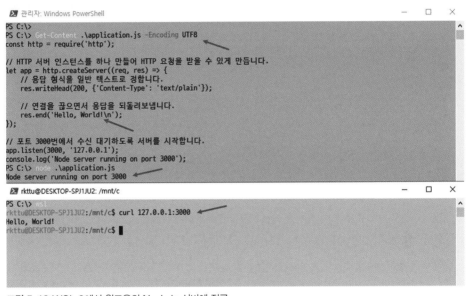

그림 5-19 WSL 2에서 윈도우의 Node.js 서버에 접근

윈도우에서 리눅스 애플리케이션에 접근하기

리눅스에서 윈도우 애플리케이션에 접근한 것과 마찬가지로 윈도우 10 측에서 *http://localhost* 주소를 통해 WSL 리눅스 배포판에서 실행되는 Node.js 서버인 리눅스 애플리케이션에도 접근할 수 있다. [그림 5-20]은 WSL에서 실행 중인 엔드포인트에 접근하기 위한 파워셸 Invoke-WebRequest 명령의 실행 결과를 보여준다.

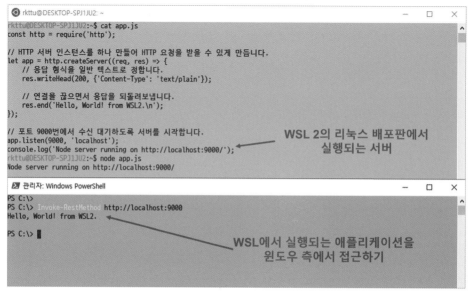

그림 5-20 윈도우에서 WSL 2의 Node.js 서버에 접근

5.6 마무리

5장에서는 WSL 2의 새로운 기능, 개선된 부분, WSL 새로운 버전에서는 왜 전체 리눅스 커널을 윈도우 10에 제공하도록 개발했는지 그 목적에 대해 알아보았다. 직접 WSL 2를 설치해보면서 WSL 1과 WSL 2 하위 시스템 플랫폼을 동시에 실행하는 방법을 배웠다. 그리고 WSL 1 리눅스 배포판을 WSL 2 호환 배포판으로 변환하는 방법도 알아보면서 WSL 2의 파일 시스템 성능 향상과 네트워크 성능 향상이 얼마나 되었는지 직접 실습했다. 후반부에서는 WSL 2에서 사용하는 가상 하드웨어 디스크(VHD)의 크기 조정 작업 방법과 네트워킹 변경 사항을 살펴보는 것으로 5장을 마쳤다. 6장에서는 리눅스 파일 시스템용 윈도우 하위 시스템과 아키텍처, WSL 파일 시스템이 리눅스와 윈도우 간의 상호운용성을 지원하는 방법에 대해 알아보자.

## CHAPTER 6

파일 시스템

6장에서는 '리눅스 운영체제 내에서, 리눅스 방식으로 파일을 작업하는 것'처럼 WSL이 어떻게 파일 시스템에 관련된 기능을 제공하는지 알아보고, 개발자와 고급 사용자가 윈도우와 리눅스 사이의 상호운용성 기능을 모두 활용하여 어떻게 생산성을 개선할 수 있는지에 대해 자세히 알아본다. 처음부터 리눅스용 윈도우 하위 시스템(WSL)은 두 운영체제 최고의 기능을 함께 사용하는 것이었다. 기존의 가상 머신처럼 윈도우와 리눅스 운영체제를 분리하여 네트워크로만 접근할 수 있게 하거나, 별도의 솔루션을 사용하여 파일을 주고받을 수 있게 제약하지 않으려고 했다. 그렇게 WSL이 윈도우 파일에 직접 접근할 수 있고, 윈도우가 WSL에서 실행되는 리눅스 배포판 내의 파일에 접근할 수 있도록 이들을 통합하려고 했다.

파일 시스템에 대해 자세히 알아보기 전에 WSL의 파일 시스템을 작동시키는 몇 가지 기본 구성 요소를 알아보자.

6.1 파일 시스템 구성 요소

윈도우에서 리눅스 파일 시스템을 실행할 수 있도록 하기 위해, WSL은 리눅스 파일 시스템에서 수행되는 모든 사용자 작업을 NT 커널 작업으로 변환해야 한다. 또한 사용자는 WSL에서 실행되는 리눅스 배포판에서 윈도우 파일에 접근할 수 있어야 한다.

6.1.1 VFS

이런 요구사항을 가능하도록 하기 위해 WSL에는 리눅스 운영체제의 가상 파일 시스템^{virtual file}
^{system}(VFS)을 에뮬레이션하도록 모델링된 lxcore.sys가 있고, 여기에는 VFS 구성 요소가 내
장되어 있다. 리눅스 운영체제에서 VFS의 역할은 리눅스에 언제든지 마운트된 모든 파일 시스
템을 관리할 수 있는 추상화 계층을 제공하는 것이다. 이 추상화는 기본 파일 시스템 종류에 관
계없이 흔히 하는 작업(예: open, read, chmod, stat)과 기능 구현을 용이하게 만들어주며, 모
든 파일 시스템이 공존하며 같이 사용될 수 있게 해준다. 지원되는 파일 시스템은 다음과 같다.

- volfs
- drvfs
- tmpfs
- procfs
- sysfs

위 항목을 하나씩 살펴보자.

6.1.2 volfs

volfs는 모든 리눅스 시스템 파일과 홈 디렉터리를 저장하는 데 사용되는 WSL의 기본 파일
시스템이며, 리눅스 VFS와 거의 비슷한 기능을 가지고 있다. 기술적으로 모든 파일은 윈도우
파일 시스템 안에 있고, WSL은 실제 리눅스 운영체제와 동일한 기능을 제공하기 위하여 다음
의 파일 시스템 구성 요소와 각 구성 요소의 기능들을 그대로 제공한다(아래 나열한 구성 요소
들은 대부분의 리눅스 배포판에서 공통적으로 볼 수 있는 구성 요소들이기도 하다).

- /
- /root
- /home

그러나 이 파일 시스템의 목적은 윈도우 운영체제와의 상호운용성이 아니라, /home 또는
/root 디렉터리처럼 사용자에게 익숙한 리눅스 환경을 제공하는 것이다. 즉, 윈도우에서 새
파일이 추가되더라도 volfs에서 필요로 하는 올바른 확장 속성이 없기 때문에 파일이 무시되
고, 이렇게 추가된 파일은 WSL에서는 사용할 수 없다.

이해를 돕기 위해 윈도우에서 이 파일 시스템에 직접 파일을 만들어보았다. 첫 번째 시도로 우분투 18.04 리눅스 배포판의 모든 패키지 파일이 있는 윈도우 10 시스템 **%LocalAppData%** 폴더 안 **/home/prateek** 디렉터리에 파일을 직접 생성해보았다.

이 방법은 WSL의 리눅스 배포판에 파일을 추가할 때 권장하는 방법이 아니며 잘못될 경우 파일이 손상되거나 내용 불일치로 인한 데이터 소실이 발생할 수 있어 위험한 방법이다. 윈도우 측에서는 이런 방식으로 직접 **volfs**로 만들어진 파일이나 디렉터리를 건드리지 않는 것이 좋다.

```
$rootFS = "Packages\<package name>\LocalState\rootfs\home\<username>"
$param1 = @{
 ItemType = 'File'
 Path = "$env:LOCALAPPDATA\$rootFS\file1.txt"
}
New-Item @param1 -Verbose
```

위 명령어를 윈도우의 파워셸 콘솔에서 실행하면, 파워셸 콘솔에서 **file1.txt** 파일이 생성된 것을 볼 수 있다. **%LocalAppData%** 폴더에서도 똑같이 확인할 수 있다. 그러나 [그림 6-1]에서 자세히 살펴보면 WSL에서 실행되는 우분투 배포판에 **file1.txt**가 보이지 않는다.

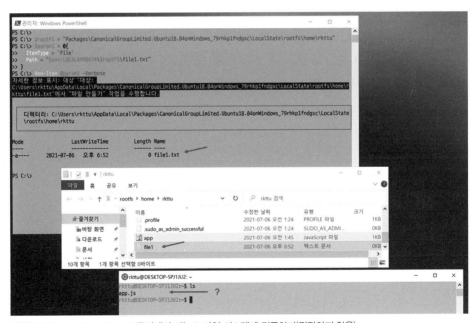

그림 6-1 %LocalAppData% 폴더에서 리눅스 파일 시스템에 접근하기(권장하지 않음)

반면, `file2.txt` 파일을 [그림 6-2]에서 설명하는 두 번째 방법인 UNC 경로 `\\wsl$\`를 이용해서 만들 경우, 파일이 윈도우 파일 시스템뿐 아니라 (첫 번째 접근 방식이 만들어낸 결과와 달리) WSL에서도 정상적으로 인식된다. 다시 강조하지만, 두 번째 방법인 UNC 경로를 이용하는 방법이 윈도우에서 WSL 파일을 만드는 데 권장되는 방법이고, **%LocalAppData%** 폴더에 있는 리눅스 패키지에서 파일을 만들거나 편집하는 것은 권장하지 않는 방법이다.

```
$param2 = @{
  ItemType = 'File'
  Path = '\\wsl$\Ubuntu-18.04\home\prateek\file2.txt'
}
New-Item @param2 -Verbose
```

그림 6-2 \\wsl$\을 사용하여 리눅스 파일에 접근(권장하는 방법)

UNC 경로 \\wsl$\을 통해 만든 파일은 WSL이 추가로 확장 속성을 파일을 만들 때 부여하기 때문에, [그림 6-3]과 같이 확장 속성(EA)이 `file2.txt`에 들어있는 것을 볼 수 있다. 반면 `file1.txt`에는 `fsutil.exe`로 검사했을 때 들어있지 않은 것을 알 수 있다.

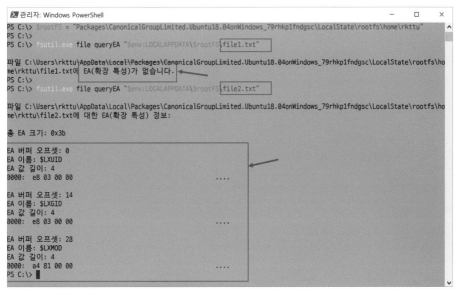

그림 6-3 WSL이 인식할 수 있도록 NTFS 파일에 추가된 확장 속성

6.1.3 drvfs

이 파일 시스템은 리눅스 배포판에 자동으로 마운트되며, 윈도우와 상호운용성을 제공한다. [그림 6-4]에 표시된 것처럼 NT 파일 시스템에 마운트된 드라이브는 WSL에서 접근할 수 있다. drvfs는 현재 널리 쓰이는 NTFS^New Technology File System 그리고 마이크로소프트의 최신 파일 시스템인 ReFS^Resilient File System만 지원한다. WSL은 /mnt 폴더 안에 다음과 같이 고정 드라이브들을 자동으로 마운트한다.

- /mnt/c
- /mnt/d

```
rkttu@DESKTOP-SPJ1JU2: ~
rkttu@DESKTOP-SPJ1JU2:~$ mount | grep drvfs
C:\ on /mnt/c type drvfs (rw,noatime,uid=1000,gid=1000,case=off)
rkttu@DESKTOP-SPJ1JU2:~$
```

그림 6-4 WSL에 drvfs 파일 시스템으로 마운트된 윈도우 NTFS 드라이브

drvfs 파일 시스템 안의 파일을 윈도우에서 열면 파일의 퍼미션이 접근 제어 목록access control list(ACL)을 통해 적용된다. 즉, WSL 환경에서 루트 권한으로 sudo 명령을 사용하더라도 NTFS 파일 시스템상의 폴더 안에 매핑된 파일에 접근하지 못하는 경우가 있다. 예를 들어 /mnt/c/Windows에 접근하려고 할 때는 sudo 권한만으로는 충분하지 않을 수 있으며 이때는 상승된 권한으로 WSL 인스턴스를 시작해야 한다.

6.1.4 tmpfs

tmpfs 파일 시스템상의 모든 파일과 디렉터리는 하드 드라이브와 같은 영구 저장소에 파일이 생성되지 않는다는 점에서 일시적이다. 대신 모든 파일은 가상 메모리와 같은 휘발성 저장소에 보관된다. 즉, tmpfs를 마운트 해제하면 그 안에 저장된 모든 데이터가 손실된다.

tmpfs는 메모리(RAM)와 디스크 기반 스왑 공간의 조합을 사용하여 파일 시스템을 만들고, 저장 매체 특성상 RAM을 사용하기 때문에 디스크에 쓰는 것보다 데이터를 읽고 쓰는 속도가 매우 빠르다. [그림 6-5]와 같이 /dev나 /run과 같이 이 파일 시스템을 사용하여 마운트된 여러 디렉터리가 있다.

```
rkttu@DESKTOP-SPJ1JU2: ~
rkttu@DESKTOP-SPJ1JU2:~$
rkttu@DESKTOP-SPJ1JU2:~$ mount | grep tmpfs
none on /dev type tmpfs (rw,noatime,mode=755)
none on /run type tmpfs (rw,nosuid,noexec,noatime,mode=755)
none on /run/lock type tmpfs (rw,nosuid,nodev,noexec,noatime)
none on /run/shm type tmpfs (rw,nosuid,nodev,noatime)
none on /run/user type tmpfs (rw,nosuid,nodev,noexec,noatime,mode=755)
tmpfs on /sys/fs/cgroup type tmpfs (rw,nosuid,nodev,noexec,relatime,mode=755)
rkttu@DESKTOP-SPJ1JU2:~$
```

그림 6-5 tmpfs(임시 파일 시스템)

6.1.5 procfs, sysfs

procfs와 sysfs는 읽을 때 대부분 동적으로 생성되는 CPU, 프로세스, 드라이버, 장치, 그리고 구성과 같은 시스템 정보를 나타내는 특수한 파일 시스템이다. 백그라운드에서 WSL은 NTFS와 상호작용하지 않고 직접 윈도우 NT 커널에서 필요한 정보들을 조회한다.

procfs는 /proc 디렉터리에서 찾을 수 있는 시스템 관련 정보들을 제공하는 수단의 초기 구현 방식으로, [그림 6-6]이나 다음의 예제와 같이 시스템이 가동된 시간을 조회할 수 있다.

```
cat /proc/uptime
```

그리고 다음과 같이 리눅스 커널 버전을 확인할 수 있다.

```
cat /proc/version
```

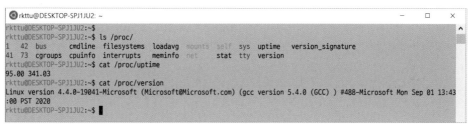

그림 6-6 /proc 파일 시스템을 통한 시스템 정보 접근

리눅스 커널 버전 2.6부터는 /sys에 있는 정보를 더 체계적이고 쉽게 검색할 수 있는 방식으로 나타내는 새로운 파일 시스템 sysfs가 도입되었다. /sys는 [그림 6-7]과 같이 전원 설정이나 이더넷 포트의 물리적 주소와 같은 정보를 얻는 데 사용할 수 있다.

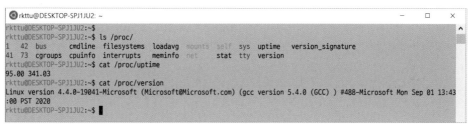

그림 6-7 /sys 파일 시스템을 통해 시스템 정보에 접근

6.1.6 다중 UNC 공급자(MUP)

다중 UNC 공급자^{multiple UNC provider}(MUP)는 **mup.sys** 바이너리 파일의 커널 모드 구성 요소다. MUP는 UNC 기반의 원격 파일 시스템에 대한 모든 접근을 네트워크 리다이렉터(UNC 공급자)로 리다이렉션하는 역할을 담당하며, 이를 통해 각종 파일 시스템에 대한 요청을 수행한다.

기본적으로 MUP는 이름 기반 작업에서 UNC 경로를 처리할 수 있는 공급자를 결정하며 이를 '접두사 확인^{prefix resolution}'이라고 한다. [그림 6-8]에 표시된 대로 이러한 네트워크 공급자가 접두사 확인을 위해 쿼리 되는 순서는 다음 레지스트리 항목에 들어있는 값을 기반으로 한다. 이 값은 쉼표를 이용해서 구분된 값으로 구성되어 있다.

```
$path = 'HKLM:\SYSTEM\CurrentControlSet\Control\NetworkProvider\Order\' (Get-
ItemProperty $path).ProviderOrder -split ','
```

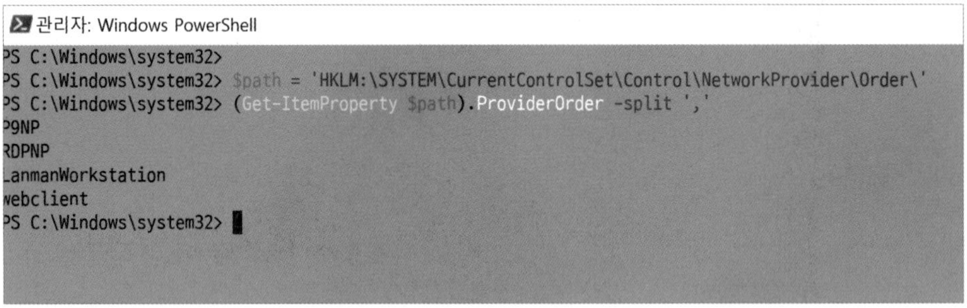

그림 6-8 UNC 경로의 접두사 확인을 위한 네트워크 공급자 목록

WSL 인스턴스가 시작되면, WSL에 9P 서버를 설정하고 통신을 위해 유닉스 소켓을 설정하는 **init** 프로세스가 시작된다. 그런 다음 LXSS 매니저 서비스를 사용하여 WSL 패키지 이름을 등록하고, MUP에서 사용하는 9P 리다이렉터에 유닉스 소켓을 9P 파일 서버에 등록한다.

따라서 윈도우의 사용자가 WSL 파일 시스템의 \\wsl$\ UNC 경로에 접근하려고 하면, 내부적으로 MUP가 접두사 확인을 위해 호출되어, 마지막으로 P9NP(플랜 9 네트워크 공급자)를 사용하여 9P에 연결한다. WSL에서 실행되는 파일 서버는 두 시스템 간 파일 작업과 상호운용성을 지원한다.

6.1.7 9P(플랜 9 프로토콜)

9P(또는 플랜 9 파일 시스템 프로토콜)는 윈도우와 리눅스 파일 시스템을 연결하고 원활한 상호운용성을 제공하기 위해 플랜 9 파일 서버(WSL)와 클라이언트(윈도우)를 설정하는 데 사용되는 네트워크 프로토콜이다. 윈도우 운영체제에서 이미 널리 사용되는 SMB 프로토콜을 사용하는 대신 9P가 사용된 이유는 여러 가지가 있다. 그중 몇 가지를 살펴보자.

- SMB가 시스템에 기본적으로 설치되지 않았을 수 있다.
- 이미 SMB가 구성되어 있을 수 있으며, 이때 여러 SMB 인스턴스를 실행하고 구성을 덮어쓰는 것은 그리 현명하지 않다.
- 리눅스 배포판에 Samba가 들어있지 않은 경우, Samba는 GNU GPL 라이선스 기반이므로 마이크로소프트는 윈도우 10 운영체제와 함께 Samba를 제공할 수 없다.
- SMB는 더 간단하고 직관적인 9P에 비해 WSL에서 구현하기가 복잡하고 어렵다.

6.2 WSL 파일 시스템 아키텍처

WSL의 파일 시스템 아키텍처와 윈도우에서 리눅스로, 혹은 그 반대로 파일에 접근하는 방법을 이해하기 전에 다음 단계를 통해서 파일 시스템 간의 상호운용성을 유지하기 위한 요구사항인 설정 흐름을 [그림 6-9]에서 흰색 번호로 표시했다. 각각의 단계를 자세히 알아보자.

1 WSL.exe 인스턴스가 시작되는 순간 LXSS 매니저 서비스와 상호작용한다.
2 LXSS.sys는 WSL과 통신하여 init 프로세스를 실행한다.
3 init 프로세스는 하위 시스템을 초기화하고 WSL에서 플랜 9 프로토콜 파일 서버를 설정하는 역할도 한다.
4 이 서버는 LXSS 매니저 서비스와 조정하여 파일 시스템 통신을 위한 유닉스 소켓을 설정한다.
5 작업이 완료되면 리눅스 배포판의 이름과 유닉스 소켓이 9P 리다이렉터에 등록되어 UNC 경로 \\wsl$\로 확인되는 요청을 위해 연결할 위치를 인식한다.

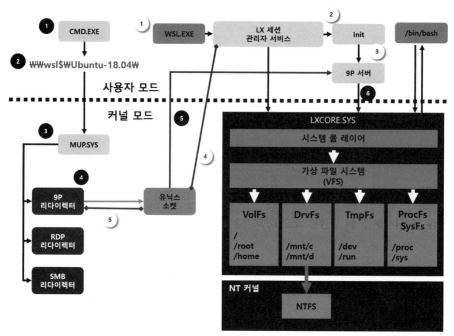

그림 6-9 WSL 1 파일 시스템 아키텍처

초기 설정이 완료되면 윈도우에서 WSL을 통해 실행되는 리눅스 운영체제로 파일에 접근하기 위해 다음 단계가 진행된다.

1 CMD.exe 또는 PowerShell.exe와 같은 윈도우 프로세스에서 UNC 경로 \\wsl$\<packagename>을 사용하여 WSL의 리눅스 파일에 접근하려고 한다.

2 이 요청은 다중 UNC 공급자(MUP)로 전달되어 경로를 확인하고 적절한 원격 파일 시스템으로 연결된다.

3 MUP는 이런 유형의 요청에 대해 등록된 네트워크 공급자나 리다이렉터를 찾아 요청을 처리한다.

4 앞 절에서 살펴본 대로 이런 요청을 처리하기 위해 9P 리다이렉터의 WSL에 대해 유닉스 소켓을 등록했으므로, 이 소켓은 MUP에서 WSL의 리눅스 파일 시스템에 대한 9P 파일 서버 연결을 생성하는 데 사용된다.

5 이제 9P 서버는 lxcore.sys와 통신하여, 윈도우에서 WSL에 보내는 각종 파일 시스템 접근이나 작업을 가상 파일 시스템(VFS)을 사용하여 처리하고, 윈도우 시스템 호출을 리눅스 시스템 호출로 변환하여 요청을 처리할 수 있다.

> **NOTE_** WSL 1과 WSL 2의 파일 시스템 아키텍처 사이에는 한 가지 큰 차이점이 있다. WSL 1에서는 모든 리눅스상의 파일들이 NTFS를 사용하여 윈도우 드라이브에 확장 속성과 함께 저장된다. 반면 WSL 2는 모든 리눅스상의 파일들이 **ext4** 파일 시스템을 사용하는 하드웨어 디스크(VHD)에 저장된다.

6.2.1 윈도우와 리눅스 간의 대/소문자 처리 방식 차이

CreateFile API를 사용하여 파일을 만들면서, 윈도우 애플리케이션은 파일 경로에 대해 대/소문자 구분이 활성화되었음을 나타내는 플래그 FILE_FLAG_POSIX_SEMANTICS를 전달할 수 있다. 이 API와 플래그에 대한 자세한 내용은 다음 링크를 통해 확인할 수 있다(*https://docs.microsoft.com/en-us/windows/win32/api/fileapi/nf-fileapi-createfilea*). 윈도우 운영체제에는 윈도우 XP 이후로 이 기능을 사용할 수 있었지만, 전역에 적용되는 레지스트리 설정을 근거로 파일 경로에 대한 대/소문자 구분이 무시되는 것이 기본 동작이다.

WSL에서 실행되는 리눅스 애플리케이션에서 대/소문자 구분 파일을 지원하기 위해, WSL에는 전역 레지스트리 설정을 우회하고 FILE_FLAG_POSIX_SEMANTICS 플래그를 설정하여, 사용자에게 리눅스와 마찬가지로 윈도우 애플리케이션에서도 대/소문자 구분 환경을 제공하고 파일에 접근할 수 있도록 하는 별도의 메커니즘이 있다.

WSL은 자체적으로 해당 레지스트리 키를 우회하는 다른 메커니즘을 사용하여 대/소문자를 구분하는 파일 시스템 작업을 수행할 수 있다. 이를 통해 WSL에서 실행되는 리눅스 애플리케이션은 해당 전역 레지스트리 키 집합을 사용하더라도, 실제 리눅스에서와 마찬가지로 대/소문자만 다른 파일 이름을 계속 사용할 수 있다. 레지스트리 설정을 변경할 수 있는 옵션은 항상 있지만, 이 설정을 변경하면 전역 설정이기 때문에 모든 드라이브의 대/소문자 구분이 한꺼번에 변경된다. 이는 우리가 원하는 것이 아니고, 애플리케이션 전체에서 의도하지 않은 동작을 유발하여 기존에 사용 중이던 윈도우 애플리케이션에 문제를 일으킬 수 있다.

이러한 단점을 극복하기 위해, 새로운 대/소문자 구분 플래그가 구현되어 특정 디렉터리의 파일에 대한 FILE_FLAG_POSIX_SEMANTICS 플래그를 전역 설정과 관계없이 디렉터리 수준에서 대/소문자 구분을 활성화 또는 비활성화할 수 있도록 했다. 새 플래그를 사용하면 디렉터리에 있는 두 파일이 이름은 같지만 대/소문자가 다른 파일이 존재할 수 있게 되고, 윈도우 애플리케이션에서도 접근할 수 있다.

윈도우 10 빌드 17107부터는 다음의 fsutil.exe에 추가된 명령 구문을 사용하여 이 플래그를 보거나 수정할 수 있다.

```
fsutil.exe file queryCaseSensitiveInfo <directory path>
fsutil.exe file setCaseSensitiveInfo <directory path> <enable\disable>
```

fsutil.exe를 사용하여 대/소문자 구분 파일을 활성화하려면 다음 단계를 따르도록 한다.

1 먼저 관리자 권한으로 파워셸 콘솔을 시작하고 새 디렉터리를 만든다. 이 플래그는 디렉터리 수준에서만 적용할 수 있다.

```
mkdir testdir | Out-Null
```

2 방금 만든 디렉터리에서 플래그를 테스트해보자. 기본적으로 대/소문자 구분은 사용하지 않는 것이 기본 동작이다.

```
fsutil.exe file QueryCaseSensitiveInfo D:\testdir\
```

3 지금은 이름이 같지만 대/소문자가 다른 두 파일을 만들려고 하면, 대/소문자 구분이 설정되지 않았기 때문에 두 번째 명령이 첫 번째 파일을 덮어쓰고 두 번째 파일이 만들어지지 않는다.

```
'test1' | Out-File D:\testdir\foo.txt 'test2' | Out-File D:\testdir\FOO.txt
ls D:\testdir\
```

4 fsutil.exe를 사용하여 플래그를 설정한 후, 이름은 같지만 대/소문자가 다른 파일을 다시 만들어보자.

```
fsutil.exe file setCaseSensitiveInfo D:\testdir\ enable 'test2' | Out-File
D:\testdir\FOO.txt
```

5 이번에는 [그림 6-10]과 같이 새 파일이 생성되며, 디렉터리에서 foo.txt와 FOO.txt 파일을 모두 확인할 수 있다.

```
ls D:\testdir\
```

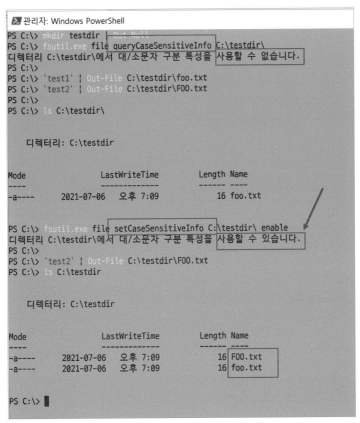

그림 6-10 NTFS에서 대/소문자 구분 속성을 확인하고 수정하기

윈도우 10 빌드 17692 이상의 버전을 사용하면, WSL 내에서 확장된 속성 `system.wsl_case_`를 통해 디렉터리별로 대/소문자 구분을 쉽게 조정할 수 있다. 이러한 확장된 속성을 보거나 수정하려면 우분투에서 `getfattr`과 `setfattr` 명령을 사용할 수 있으며, 다음의 패키지를 설치하면 된다.

```
sudo apt install attr
```

이 속성을 활성화하려면 '`1`'로 설정한다. '`0`'으로 설정하면 속성을 비활성화한다.

WSL을 사용하면 /etc/wsl.conf 파일의 [automount] 섹션을 사용하여 `drvfs` 마운트 옵션에서 대/소문자 구분을 제어할 수 있으며, 기본적으로 WSL에 마운트된 윈도우 드라이브상의 파일 이름은 대/소문자를 구분하지 않는다. 즉, case=off로 설정된 경우 drvfs 마운트에 생성된 새 디렉터리는 대문자를 구분하지 않는다.

한 번 확인해보자. 마운트된 드라이브를 확인하면 기본적으로 drvfs가 case=off로 설정되어 있는 것을 볼 수 있다.

```
mount | grep case
```

그리고 [그림 6-11]과 같이 새 디렉터리를 만들고, getfattr을 사용하여 system.wsl_case_sensitive1 확장 속성을 확인해보면, 이 디렉터리가 대/소문자를 구분하지 않음을 의미하는 '0'으로 설정되어 있는 것을 볼 수 있다.

```
mkdir /mnt/d/newdir
cd /mnt/d/
getfattr -n system.wsl_case_sensitive newdir
```

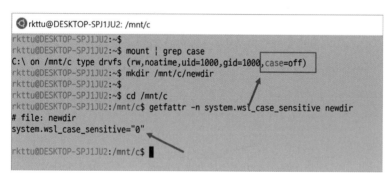

그림 6-11 'getfattr'을 사용하여 WSL에서 대/소문자 구분 상태 확인

따라서 이름이 같고 대/소문자가 다른 두 파일을 만들려고 하면, 두 번째 명령이 첫 번째 파일을 덮어쓰고 하나의 파일만 존재하게 된다.

```
touch newdir/file.txt
touch newdir/FILE.txt
ls newdir/
```

WSL 내부에서 대/소문자 구분을 사용하려면 다음 예제와 같이 디렉터리에서 확장된 특성을
사용하도록 설정한다.

```
setfattr --name system.wsl_case_sensitive --value 1 newdir
getfattr -n system.wsl_case_sensitive newdir
```

이제 [그림 6–12]처럼 같은 이름을 갖지만 대/소문자만 다른 **file.txt**와 **FILE.txt**로 두 파
일이 만들어진다.

```
touch newdir/FILE.txt
ls newdir/
```

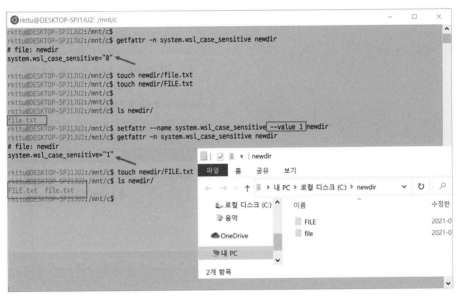

그림 6-12 'setfattr'을 사용하여 WSL에서 디렉터리별 대/소문자 구분 설정 수정

WSL에서는 **/etc/wsl.conf** 파일의 마운트 옵션을 **case=dir**로 설정할 수도 있다. 이 설정을
사용하도록 만든 후에 생성된 모든 새 디렉터리에는 기본적으로 대/소문자 구분이 활성화된
다. [그림 6–13]에 자세히 설명되어 있다.

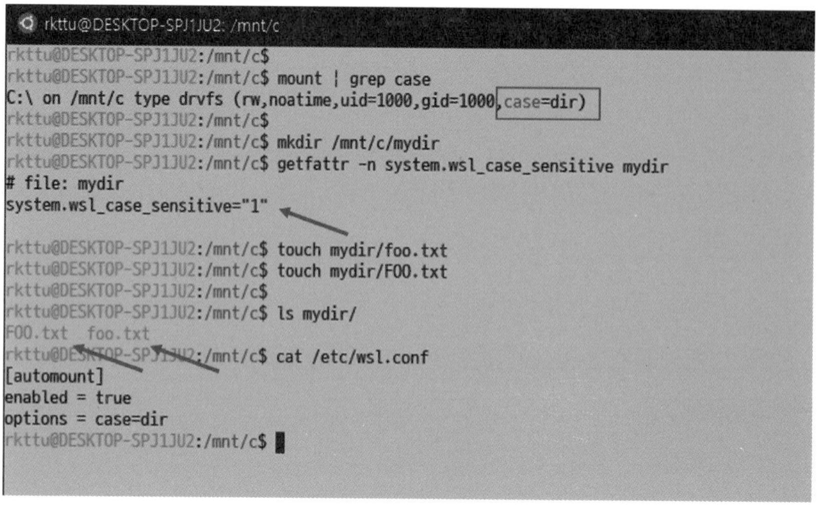

```
rktttu@DESKTOP-SPJ1JU2: /mnt/c
rktttu@DESKTOP-SPJ1JU2:/mnt/c$
rktttu@DESKTOP-SPJ1JU2:/mnt/c$ mount | grep case
C:\ on /mnt/c type drvfs (rw,noatime,uid=1000,gid=1000,case=dir)
rktttu@DESKTOP-SPJ1JU2:/mnt/c$
rktttu@DESKTOP-SPJ1JU2:/mnt/c$ mkdir /mnt/c/mydir
rktttu@DESKTOP-SPJ1JU2:/mnt/c$ getfattr -n system.wsl_case_sensitive mydir
# file: mydir
system.wsl_case_sensitive="1"

rktttu@DESKTOP-SPJ1JU2:/mnt/c$ touch mydir/foo.txt
rktttu@DESKTOP-SPJ1JU2:/mnt/c$ touch mydir/FOO.txt
rktttu@DESKTOP-SPJ1JU2:/mnt/c$
rktttu@DESKTOP-SPJ1JU2:/mnt/c$ ls mydir/
FOO.txt  foo.txt
rktttu@DESKTOP-SPJ1JU2:/mnt/c$ cat /etc/wsl.conf
[automount]
enabled = true
options = case=dir
rktttu@DESKTOP-SPJ1JU2:/mnt/c$
```

그림 6-13 /etc/wsl.conf의 [automount] 섹션을 사용하여 대/소문자 구분 제어

6.3 윈도우와 리눅스의 상호운용성

마이크로소프트는 리눅스와 윈도우 간의 파일 시스템 상호운용성을 시간이 지남에 따라 점점 더 자연스럽게 동작하도록 만들었다. 때로는 이 두 가지가 고도로 통합되고 분리되지 않은, 서로 다른 운영체제라는 사실을 깨닫기가 어려울 정도이다. 두 세계의 장점을 활용하면서 각 영역의 사용자가 좋아하는 기능, 좋아하는 부분, 그리고 좋아하는 방법을 모두 존중하고 있다.

6.3.1 리눅스에서 윈도우 파일 접근하기

WSL에 마운트된 drvfs 파일 시스템은 윈도우 10의 파일에 대한 접근을 제공하는 핵심적인 역할을 수행한다. NT 파일 시스템에 마운트된 모든 고정 드라이브는 WSL에 자동으로 마운트 된다. 예를 들어 NTFS의 C:\ 드라이브는 WSL에서 /mnt/c/로, 유사하게 D:\는 /mnt/d/로 사용할 수 있다.

예를 들어, [그림 6-14]와 같이 ls 명령과 /mnt/d/ 경로를 사용하여 디렉터리의 내용을 나열할 수 있으며, 명령을 실행하면 WSL에서 윈도우 파일 시스템상의 모든 파일을 나열한다.

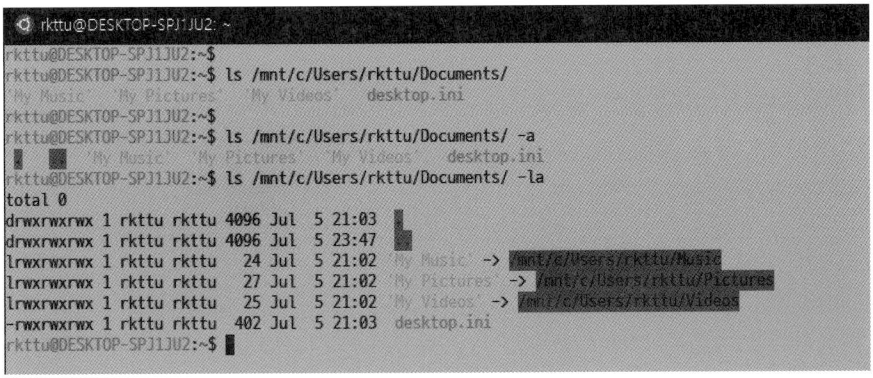

그림 6-14 drvfs 파일 시스템을 사용하여 WSL에서 윈도우 파일에 접근

또한 윈도우 파일의 내용을 읽을 수 있으며, nano와 같은 즐겨 사용하는 리눅스 편집기를 사용하여 [그림 6-15]처럼 윈도우 10의 NT 파일 시스템에 있는 파일을 편집할 수도 있다.

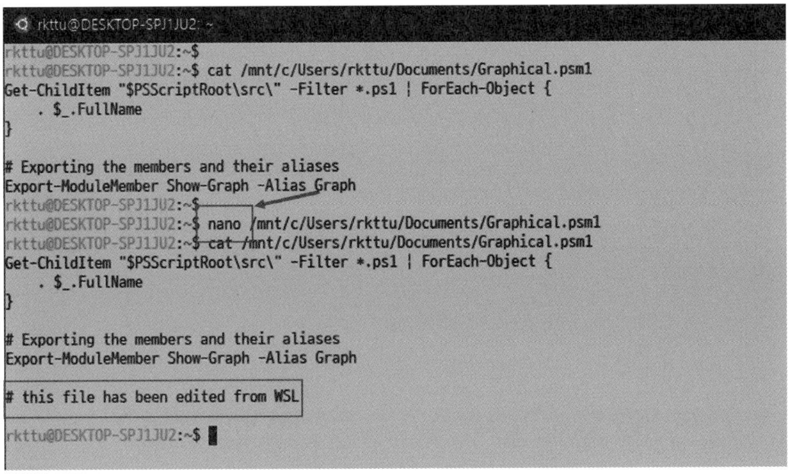

그림 6-15 리눅스 편집기를 사용하여 WSL에서 윈도우 NTFS 파일 편집

WSL을 사용하면 윈도우 애플리케이션을 이용하여 리눅스 배포판의 파일에 접근할 수도 있다. 예를 들어 윈도우 파일 탐색기(explorer.exe)를 사용하여 WSL 콘솔에서 현재 작업 디렉터리를 열 수 있다.

다음 예제에서도 살펴볼 수 있듯이, 탐색기에서 현재 작업 디렉터리인 /home/prateek/을 [그림 6-16]에서 표시한 것처럼 탐색기를 사용하여 UNC 기반 경로인 \\wsl$\Ubuntu-18.04\home\prateek\으로 접근할 수 있다. 여기에서 모든 종류의 파일 작업들 예를 들어 이동, 수정, 삭제 등을 수행할 수 있으며, 변경 사항들은 WSL에서 실행되는 리눅스 배포판에 다시 반영된다.

그림 6-16 윈도우의 explorer.exe를 사용하여 리눅스 파일 다루기

파일을 복사할 때 사용하는 cp 같은 리눅스 명령으로 drvfs로 마운트되어 있는 윈도우 NTFS 드라이브에 접근하고 파일을 리눅스로 복사할 수도 있다(그림 6-17).

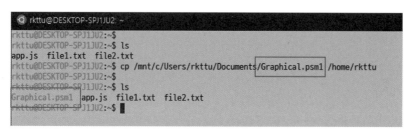

그림 6-17 drvfs 파일 시스템을 사용하여 윈도우 파일을 WSL에 복사

또는 [그림 6-18]에 표시된 대로 mv 명령을 사용하여 윈도우에서 WSL로 파일 또는 폴더를 이동할 수 있다.

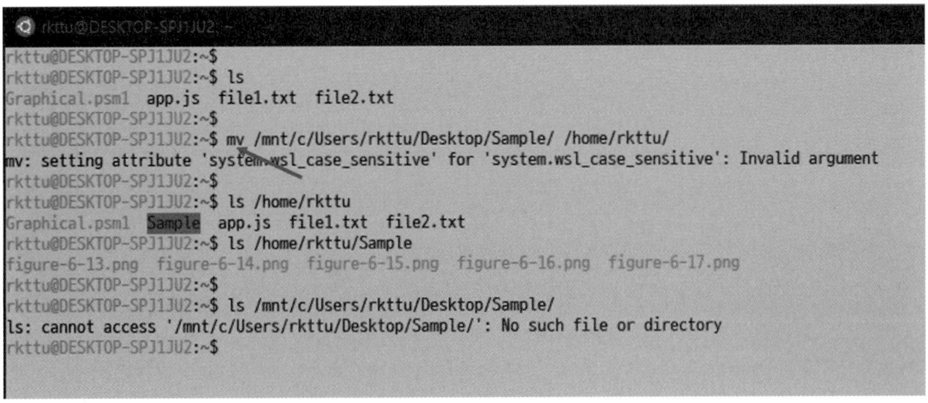

그림 6-18 drvfs 파일 시스템을 사용하여 윈도우 파일을 WSL로 이동

가장 좋은 점은 WSL이 운영체제 사이에 사용하는 명령어를, 섞어서 사용할 수 있는 기능을 제공하여 리눅스와 윈도우 간의 격차를 더욱 좁힐 수 있다. [그림 6-19]의 예제에서는 윈도우 실행 파일인 `ipconfig.exe`를 사용하여 WSL의 윈도우에서 IP 구성을 가져온 다음, 리눅스 애플리케이션인 grep 명령을 통해 출력을 필터링했다. 그리고 그 실행 결과를 WSL에서 **drvfs** 마운트 옵션(/mnt/)을 사용하여 윈도우 NT 파일 시스템상의 파일로 저장했다. 이것이 굉장한 이유는 지금껏 나온 어떤 기술도 이처럼 두 세계의 장점을 통합하는 유연성을 가지고 있지 않았기 때문이다.

```
ipconfig.exe | grep IPv4 > /mnt/d/ipaddress.txt
cat /mnt/d/ipaddress.txt
```

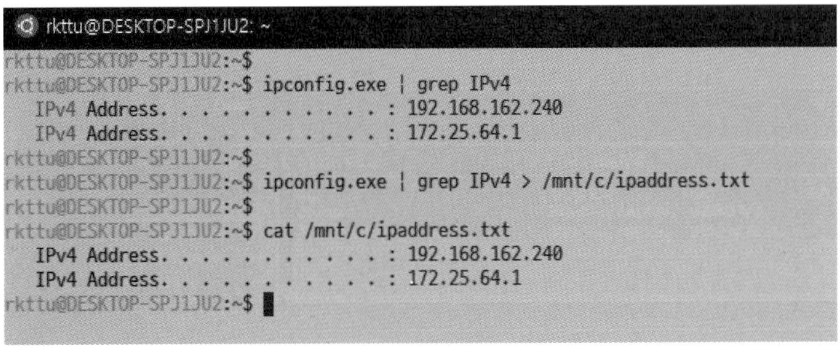

그림 6-19 리눅스 명령과 함께 윈도우 실행 파일 사용

6.3.2 윈도우에서 리눅스 파일 접근하기

WSL의 파일 시스템은 윈도우 파일 탐색기(explorer.exe)와 매우 잘 통합되어 있으며, 모든 리눅스 배포판은 [그림 6-20]처럼 특수 UNC 경로(\\wsl$\)에서 사용할 수 있다. 모든 리눅스 배포판 내에 포함된 파일과 폴더를 윈도우 파일 탐색기로 볼 수 있다.

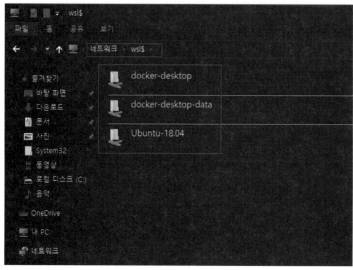

그림 6-20 UNC 경로로 리눅스 배포판 파일 시스템에 접근하는 방법: \wsl$

개별 리눅스 배포판 패키지의 파일 시스템은 해당 리눅스 배포판이 실행 중인 경우에만 나타난다. 리눅스 배포판이 WSL에서 실행되고 있지 않으면 \\wsl$\ UNC 경로에 표시되지 않는다.

따라서 윈도우에서 우분투 파일 시스템으로 이동하려면 파일 탐색기의 주소 표시 줄로 이동하여 [그림 6-21]에 표시된 대로 \\wsl$\Ubuntu 18.04\를 입력한 다음 [엔터] 키를 누르면 된다. 그러면 리눅스 파일 시스템의 루트 디렉터리로 이동한다.

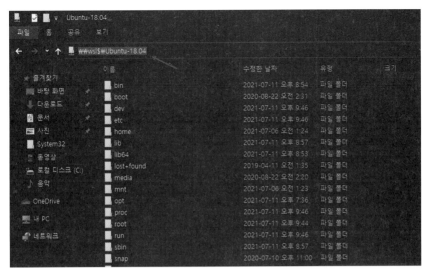

그림 6-21 \wsl$을 사용하여 특정 리눅스 배포판 파일에 접근하기

\\wsl$\ UNC 경로에 접근하여 CMD.exe 또는 PowerShell.exe에서 배포판에 있는 리눅스 파일을 수정할 수 있으며 변경 사항은 리눅스 배포판에 반영된다. [그림 6-22]에서 볼 수 있듯 이 윈도우 명령 프롬프트와 윈도우 파워셸에서 파일을 각각 한 개씩 만들고, \\wsl$\ UNC 경로를 사용하여 리눅스 배포판의 홈 디렉터리에 두 파일을 배치한 다음, 이 폴더의 항목을 나열하면 WSL 측에서 올바른 콘텐츠가 있는 두 파일을 모두 볼 수 있다.

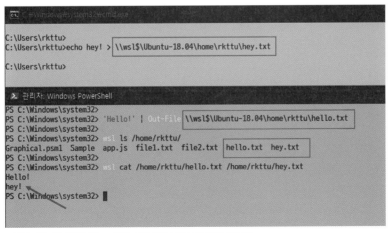

그림 6-22 윈도우에서 \wsl$을 사용하여 WSL에 파일 만들기

또한 WSL의 `wsl.exe`를 사용하여 명령을 실행하고, 결과를 `findstr`과 같은 `CMD.exe` 명령과 `Select-String`과 같은 파워셸 명령어로 두 세계를 혼합할 수 있다. [그림 6-23]에서 확인할 수 있듯이, 사용자 효율성을 높이고 한 곳에서 두 가지 환경을 모두 활용할 수 있다.

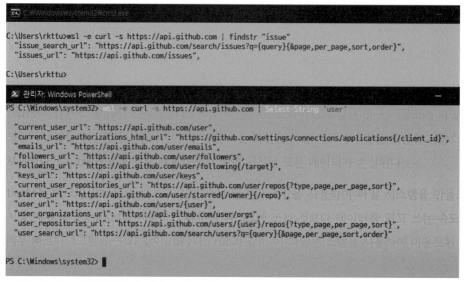

그림 6-23 리눅스 명령어와 윈도우 명령어를 함께 실행

6.4 마무리

6장에서 VFS, `volfs`, `drvfs`, `tmpfs`, `procfs`, `sysfs`와 같은 파일 시스템 구성 요소를 배웠다. 9P 서버와 여러 UNC 공급자를 통해 WSL 1의 파일 시스템이 윈도우 운영체제와 상호작용할 수 있다는 것도 알았다. 그리고 WSL 1의 파일 시스템 아키텍처와 WSL 2가 윈도우 10과 함께 제공되는 리눅스 커널을 지원하는 경량 유틸리티 VM에서 실행되기 때문에 나타나는 차이점을 살펴보며, WSL 2 파일 시스템 아키텍처가 WSL 1과는 어떻게 다른지 살펴보았다. 또한 확장된 특성을 사용하여 WSL에서 대/소문자 구분이 어떻게 작동하는지 이해하기 위해 몇 가지 예를 살펴보고, 디렉터리 또는 `drvfs` 탑재 수준에서 조정하거나 제어할 수 있다는 것도 알았다. 마지막으로 사용자가 윈도우의 리눅스와 리눅스 애플리케이션에서 윈도우 실행 파일을 실행하

는 것이 가능함을 알았고, 좀 더 강력한 기능을 원한다면 WSL에서 제공하는 윈도우와 리눅스 사이의 상호운용성(두 세계의 장점을 쉽게 혼합하고 일치시킬 수 있는 기능)을 활용할 수 있다는 것도 배웠다. 7장에서는 WSL의 네트워킹과 WSL에서 DNS나 네트워크 인터페이스를 어떻게 활용하는지, WSL 1과 WSL 2 네트워킹의 차이점에 대해 알아보도록 하자.

## CHAPTER 7

네트워킹

7장에서는 리눅스용 윈도우 하위 시스템(WSL)이 하위 시스템 내에서 네트워킹을 구성하는 방법과 시스템의 네트워크 변경 사항이 윈도우에서 WSL로 전파되는 과정에 대해 알아보자. 또한 리눅스 소켓이 무엇인지, WSL이 리눅스 소켓을 구현하여 상호운용성을 유지하면서 윈도우 운영체제에서 어떻게 훌륭한 리눅스 사용자 환경을 제공하는지 그 원리를 살펴보자.

현재 우리가 사용하는 컴퓨터는 항상 네트워크와 장치에 연결되어 있으며 데이터 교환, 파일 이동 등을 위해 네트워크 스택을 통해 인터넷과 다른 여러 시스템에 지속적으로 접근해야 하므로 네트워킹 기능은 성공적인 소프트웨어 애플리케이션이 갖추어야 할 필수 요소로 깊숙이 자리 잡았다.

7.1 WSL 네트워킹

리눅스에서 네트워킹을 설정하고 WSL에서 구현하는 방법부터 간단히 알아보자. 그리고 윈도우와 리눅스 네트워킹 간의 격차를 해소하고 원활한 호환성 계층을 만들기 위해 마이크로소프트가 선택한 설계 방식에 대해 간략히 살펴보자.

7.1.1 네트워크 인터페이스와 DNS

리눅스는 네트워크 인터페이스와 같은 장치를 제어(읽기와 쓰기)하는 데 사용할 수 있는 일반화된 시스템 호출을 이용하며, 이러한 시스템 호출을 IOCTL^{input output control}(입출력 제어)이라 부른다. IOCTL 같은 시스템 호출은 네트워크 인터페이스를 읽고 커널에 네트워크 인터페이스에 관한 정보를 유지하는 방식으로, 리눅스에 연결된 모든 네트워크 인터페이스의 목록을 볼 수 있게 해준다. 그러나 WSL 1에는 리눅스 커널이 없기 때문에 IOCTL에 해당하는 기능은 존재하지 않는다. 대신 호환성 계층에서 리눅스 측의 시스템 호출을 번역하여 윈도우에서 리눅스를 에뮬레이션하는 방식을 사용한다.

또한 이 격차를 해소하기 위해 윈도우에서 WSL 인스턴스가 시작되는 즉시, LXSS 매니저 서비스는 윈도우 운영체제의 네트워크 인터페이스 목록을 쿼리하고, 이 목록을 WSL 드라이버(lxcore.sys)에 전달한다. 리눅스 배포판에서 시스템 호출(IOCTL)이 발생하면, 앞서 언급한 캐시에 저장된 정보를 이용하여 WSL의 네트워크 인터페이스 목록을 리눅스 애플리케이션에 제공한다.

같은 방법으로 윈도우에 구성된 도메인 이름 시스템 서버 목록을 포함하는 리눅스의 네임 서버 해석기 구성 파일인 /etc/resolv.conf에도 자동으로 채워진다. 이 파일에서 사용할 수 있는 구성 옵션은 매우 다양하지만, 기본적으로는 다음과 같이 흔히 쓰이는 내용으로 구성된다.

```
nameserver <네임 서버 IP 주소>
```

네임 서버 IP 주소는 [그림 7-1]과 같이 점 표기법으로 구분되는 IPv4 주소 또는 점과 콜론 표기법으로 구분되는 IPv6 주소가 지정된다.

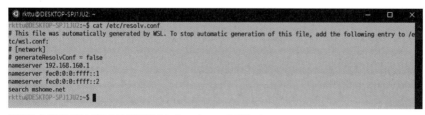

그림 7-1 WSL에서 자동으로 채워진 /etc/resolv.conf 파일

네트워크 쿼리 정보 중 일부는 호스트 파일이라고도 하는 /etc/hosts 파일을 채운다. 이 파일

에는 [그림 7-2]와 같이 호스트 이름과 해당 IP 주소의 정적 조회 테이블이 포함되어 있다. /etc/resolv.conf와 /etc/hosts의 내용을 조합하여 WSL에서 DNS 기능을 제공한다.

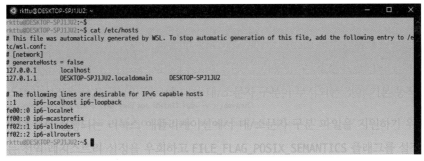

그림 7-2 WSL에서 자동으로 만든 호스트 목록 파일

그러나 네트워킹은 매우 역동적이고 상황은 매우 빠르게 변한다. 예를 들어 사용자는 유선 이더넷에서 무선 네트워크로 매우 쉽게 전환할 수 있다. 이러한 변경 사항을 윈도우에서 WSL로 업데이트하는 것을 지원하려면, WSL이 여기에 상응하는 메커니즘을 갖추어야 한다. 따라서 LXSS 매니저 서비스는 윈도우 네트워크 인터페이스의 업데이트와 관련된 모든 알림을 자신에게도 전달되도록 등록하여 네트워크 문제에 다시 관여한다. 이는 **LxssManager** 서비스가 업데이트 알림을 받고 있음을 의미하며, 네트워크가 변경되면 [그림 7-3]에 설명된 대로 앞서 언급한 접근 방식을 사용하여 WSL 안의 정보를 다시 채운다. 이로써 **/etc/resolv.conf** 파일과 **/etc/hosts** 파일이 최신 상태로 유지되고 윈도우 구성과 동기화되는 것이다.

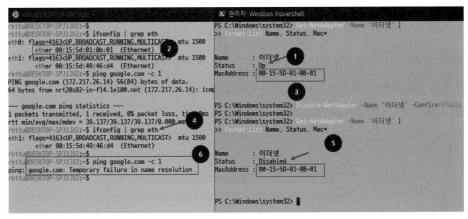

그림 7-3 윈도우 환경의 변경으로 재구성된 WSL

[그림 7-3]은 윈도우에서 네트워크 인터페이스가 비활성화된 경우, 3단계에서 이더넷이 WSL 에서 즉시 사라지고(4단계에서 누락된 MAC 주소를 통해 확인됨), ICMP 요청이 6단계에서 실패하기 시작하는 것을 보여준다.

7.1.2 소켓

소켓은 네트워크 통신 경로의 종점을 추상적으로 표현한 것이다. 소켓은 네트워크에 연결되지 않은 로컬 프로세스 간 통신을 위한 단말 역할도 할 수 있다. 다음 절에서는 리눅스 버클리 소 켓Linux Berkeley socket과 WSK(Winsock 커널)라는 윈도우 운영체제의 유사한 소켓 구현체를 간 단히 알아볼 것이다. WSL은 버클리 소켓 API 호출을 Winsock 커널 API 호출로 변환할 수 도 있고, 그 반대로 변환할 수도 있는데, 이를 통해 윈도우와 리눅스 간의 네트워킹을 가능하게 한다.

버클리 소켓

리눅스에서 버클리 소켓('BSD 소켓'이라고도 함)은 프로세스 간 통신inter-process communication(IPC) 을 허용하는 API다. 두 끝점은 통신을 설정하기 위해 양쪽에서 소켓을 열고 지정된 주소에 바인 딩하여 데이터를 주고받을 수 있다.

다음은 몇 가지 자주 쓰이는 BSD 소켓 API 함수이다.

socket()

이 함수는 특정 유형의 새로운 소켓을 만드는 데 사용된다. 소켓을 열기 위해서는 세 가지 옵션 을 지정해야 하며, 이 옵션은 소켓을 분류하는 데 사용할 수 있다.

1 **주소 계열(AF) 또는 도메인**: 소켓은 다음 도메인 또는 주소 계열 중 하나일 수 있다.
   a. **AF_INET**은 인터넷 프로토콜 버전 4(IPv4)의 리눅스 구현체이다.
   b. **AF_LOCAL**이라고도 하는 **AF_UNIX**는 시스템 내의 프로세스 간 통신에 사용된다.
   c. **AF_NETLINK** 소켓은 사용자 공간 프로세스용 표준 소켓 기반 인터페이스와 커널 모듈용 내부 커널 API 로 구성되어 있다. 이 유형은 사용자 모드와 커널 간의 통신에 사용된다.
2 **소켓 유형**: 소켓 유형은 프로토콜이 연결 지향인지 비 연결형인지 정의한다.
   a. UDP를 위한 **SOCK_DGRAM**

b. TCP를 위한 SOCK_STREAM

c. ICMP를 위한 SOCK_RAW

3 소켓 프로토콜: 프로토콜 인수를 0으로 설정하여 프로토콜에 대한 소켓 유형의 기본 구현을 요청할 수 있다.

문법은 다음과 같다.

```
socket(AddressFamily, Type, Protocol);
```

예제는 다음과 같다.

```
socket(AF_INET, SOCK_STREAM, 0);
```

bind()

이 함수는 소켓 주소, 즉 IP 주소와 포트 번호의 조합으로 소켓을 특정 주소에 바인딩한다.

listen()

이 함수는 지정된 소켓을 들어오는 연결만 처리하는 수동형 소켓으로 표시한다.

connect()

이 함수는 참조된 소켓과 전달된 IP 주소 간의 연결을 설정하는 데 사용된다.

send(), recv(), sendto(), recvfrom()

이름에서 알 수 있듯이 이 함수들은 소켓을 통해 데이터를 보내고 받는 데 사용된다.

close()

이 기능은 소켓을 통해 설정된 연결을 종료하여 사용 중인 시스템 자원을 해제하고 다시 반환하는 데 사용된다.

Winsock과 WSK(Winsock 커널)

윈도우 운영체제에는 앞서 언급한 'Winsock'으로 알려진 BSD 소켓의 사용자 모드 구현체가 있다. 이 구현체는 BSD 소켓과 매우 유사하지만, 완전히 같지는 않다. 그리고 WSL의 소켓 구현이 커널 모드, 즉 리눅스 하위 시스템의 드라이버 라이브러리(WslSocket.lib)에 있기 때문에 WSL에서 활용할 수 없다.

이 문제를 해결하기 위해 WSK(Winsock 커널)라고도 하는 또 다른 저수준 윈도우 NT API가 WSL에서 사용되었다. WSK는 커널 모드 네트워크 프로그래밍 인터페이스이며, 이를 사용하여 모든 커널 모드 소프트웨어는 사용자 모드용으로 제공되는 'Winsock'을 이용할 때와 마찬가지로 네트워크 입출력 작업을 수행할 수 있다. 기본적으로 WSL 드라이버는 BSD 소켓 API에서 WSK API로 호출을 변환하고, 기본 리눅스 배포판과 거의 비슷한 네트워킹 환경을 지원하기 위해 누락된 모든 것을 구현한다.

[그림 7-4]에서 볼 수 있듯이 WSL 위에 실행되는 리눅스 배포판 안에서 애플리케이션이 BSD 소켓을 만들면, BSD 소켓 시스템 호출은 WSL의 커널 모드 드라이버인 lxcore.sys로 전달되며, 이 드라이버는 전달된 요청을 윈도우 시스템에 맞게 변환하게 된다. lxcore.sys는 이러한 BSD 소켓 시스템 호출을 WSK(Winsock 커널)가 처리할 수 있는 호출로 변환한다. WSK는 윈도우 운영체제에서 소켓 관련 요청을 처리하고, 시스템 하부의 TCP/IP 스택으로 소켓을 연결하는 NT 커널의 저수준 API다.

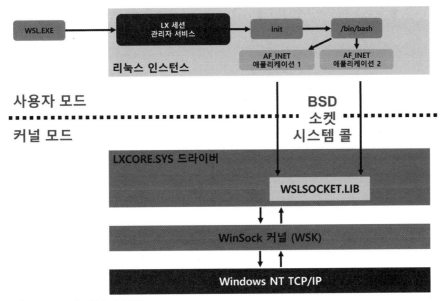

그림 7-4 WSL 네트워킹 레이아웃

7.2 WSL 1과 WSL 2 네트워크의 차이점

WSL 1과 WSL 2에서 네트워킹이 구현되는 방식은 완전히 다르며, 차이점을 이해하는 것이 정말 중요하다. 그렇지 않으면 네트워킹 문제와 예상치 못한 동작 때문에 당황할 수 있다.

두 시스템 사이의 큰 차이점은 WSL 1에서 하위 시스템이 기본 윈도우 운영체제에서 사용하는 것과 같은 물리적 네트워크 인터페이스를 사용한다는 것이다. 그 밖의 모든 것은 에뮬레이션으로 구현되었거나 윈도우에서 리눅스 배포판을 지원하도록 빌드된 호환성 계층이기 때문이다. 즉, WSL 1에서는 윈도우 애플리케이션과 같은 네트워크 인터페이스 카드network interface controller(NIC), IP 주소, DNS 서버를 사용한다.

이는 WSL 2과 전혀 다른데, WSL이 이제 하이퍼-V 기술을 기반으로 만들어진 경량 유틸리티 VM에서 실행되고, 다른 VM과 마찬가지로 WSL 2에도 [그림 7-5]에서 설명하는 바와 같이 전용 가상화된 네트워크 인터페이스가 있고, 전용 IP 주소와 DNS 서버 설정이 부여된다.

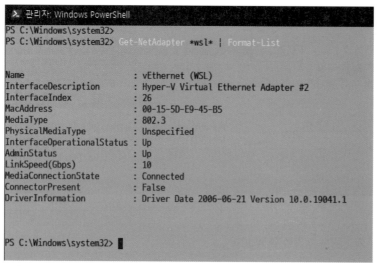

그림 7-5 WSL 2가 실행되는 경량 VM을 지원하는 가상 네트워크

한편, WSL 1과 WSL 2는 모두 명시적으로 재정의되지 않는 한 DNS 확인 기능이 작동할 때 필요한 /etc/resolv.conf 파일과 /etc/hosts 파일을 자동으로 채우는 것은 같다.

7.3 마무리

7장에서는 윈도우 운영체제와 리눅스 하위 시스템 사이를 자연스럽게 이어지도록 만드는 WSL 의 네트워킹 개념을 배웠다. 네트워크 인터페이스와 WSL에서 이름 확인이 설정되고 구성 되는 방법을 살펴본 다음, API 호출을 번역하여 WSL에서 네트워킹을 가능하게 만들어주는 Winsock 커널에 대해 알아보았다. Winsock 커널은 윈도우에서 버클리 소켓과 유사하지만 완전히 같지는 않은 구현체이다. 마지막으로 윈도우에서 리눅스 환경을 에뮬레이션하는 WSL 1과 전용 네트워크 인터페이스가 있는 윈도우 운영체제에서 실행되는 경량 유틸리티 VM 기반 의 WSL 2는 네트워크 구현 방식이 서로 어떻게 다른지 살펴보았다.

## CHAPTER 8

WSL에서 리눅스 개발 환경 만들기

윈도우는 틀림없이 훌륭한 플랫폼이자 세계에서 가장 인기 있는 운영체제다. 그러나 리눅스 운영체제에서 실행되는 수많은 애플리케이션과 다양한 기능 역시 무시할 수 없다. 마이크로소프트는 리눅스용 윈도우 하위 시스템(WSL)을 필두로, 그간 기여해온 다양한 영역의 기술들과 여러 오픈소스 프로젝트를 통해 이런 추세에 부응하고 있다. 8장에서는 비주얼 스튜디오 코드Visual Studio Code(VSCode), WSL 원격 확장을 통해 개발자들이 리눅스 기반의 애플리케이션을 윈도우 운영체제에서 자연스럽게 실행될 수 있게 지원해주는 여러 도구와 런타임들에 대해 알아본다. 이러한 확장 기능을 이용하면 개발자들은 윈도우와 리눅스 간의 경로 변환이나, 파일 공유, 또는 서로 다른 운영체제 사이에서 발생할 수 있는 여러 어려움에 대해 걱정하지 않아도 된다.

8.1 소스 제어

WSL에서 리눅스 개발 환경을 설정하려면, 먼저 소스 제어 또는 버전 제어를 설정하여 소스 코드의 변경 사항을 추적하고 관리해야 한다. 깃Git은 현재 전 세계 개발자가 사용하는 가장 인기 있는 소스 제어 도구이므로, 이 도구를 위주로 먼저 살펴보며 설정해보자.

8.1.1 깃 설치하기

대부분의 WSL 배포판에는 깃이 설치되어 있지만, 'Kali-Linux' 배포판처럼 포함하지 않는 경우도 있어서 깃을 명시적으로 WSL에 설치하는 방법부터 살펴보자. 설치하려면 다음의 단계를 따른다.

1 윈도우 시작 메뉴에서 WSL을 시작한다. 이 예제에서는 우분투 18.04를 사용한다.

2 WSL에서 다음 명령을 입력하여 [그림 8-1]과 같이 우분투 소프트웨어 리포지터리에서 깃을 설치한다.

```
sudo apt-get install git
```

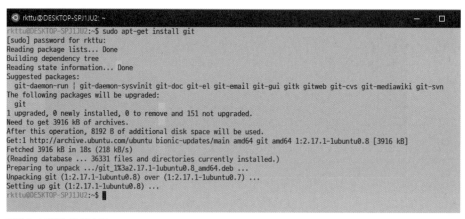

그림 8-1 WSL에 깃 설치

3 이제 다음 명령을 실행하여 설치된 패키지의 버전을 확인한다. [그림 8-2]와 같은 버전 정보가 표시되면 다음 단계를 진행할 수 있다.

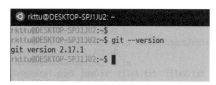

그림 8-2 깃 버전 확인

8.1.2 설정과 구성하기

먼저 다음 명령과 같이 사용자 이름과 메일 주소를 설정해야 한다. 여러 개발자가 함께 사용하는 저장소에서 본인이 코드에서 변경한 내용이 사용자 이름(저자 이름)으로 태그가 지정되어야 다른 코드에 대한 변경 사항과 구별할 수 있기 때문이다.

```
git config --global user.name "Prateek Singh"
git config --global user.email prateek@ridicurious.com
```

이름과 이메일이 구성되면 [그림 8-3]과 같이 모든 git 구성을 나열하기 위해 git config --list 명령어를 실행하자.

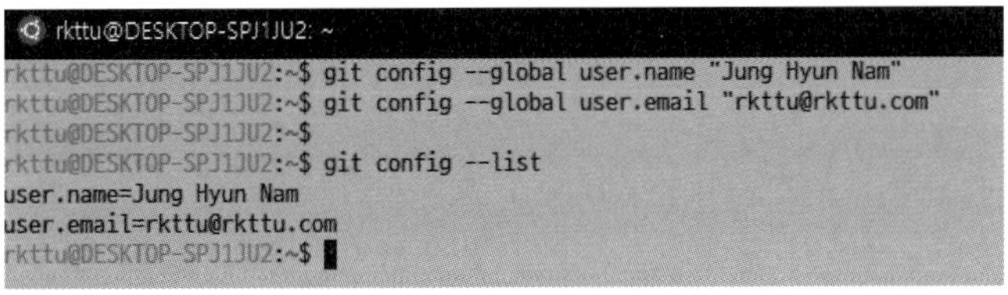

그림 8-3 전역 git 구성 설정

윈도우와 리눅스의 개행 문자 차이 문제 해결하기

윈도우와 리눅스 환경을 모두 사용하여 작업하는 동안, 윈도우에서 편집한 파일이나 프로그램을 WSL에서 접근하면 한 가지 문제가 발생할 수 있다. 이렇게 서로 혼합된 환경에서 텍스트 파일의 줄 끝 문자가 윈도우와 리눅스가 서로 다르기 때문에, 깃에서는 이 문자들의 차이를 수정된 내용으로 인식하여 매우 많은 부분이 수정된 것으로 보고할 때가 있다.

이 현상을 재현하기 위해, 윈도우에서 git commit 명령을 사용하여 파이썬 파일 main.py를 체크인했다. 그 후에 git status 명령어를 실행하여 결과를 확인해보면, 커밋해야 할 다른 항목이 없는 것으로 표시된다. 이제 WSL에서 파이썬 파일이 커밋된 같은 폴더를 열고 git status 명령어를 실행하면 커밋되지 않은 파일 목록이 나타나는 것을 볼 수 있다. git diff 명령어를 사용하여 파일 차이를 확인하면 [그림 8-4]와 같이 행 끝에 이상한 문자(^m)가 추가된 것을 볼 수 있다. 이것은 라인 엔딩 때문이다. 윈도우는 캐리지 리턴과 줄 바꿈(\r\n 또는 CRLF)을 함께 줄 끝 문자로 사용하는 반면 유닉스에서는 줄 끝 문자가 줄 바꿈(\n 또는 LF) 문자로 취급된다. 문자 ^M은 '캐리지 리턴' CR의 표현이므로 WSL(유닉스)과 윈도우 사이에 파일을 전송할 때 줄 끝 문자가 제대로 변환되었는지 주의 깊게 확인해봐야 한다.

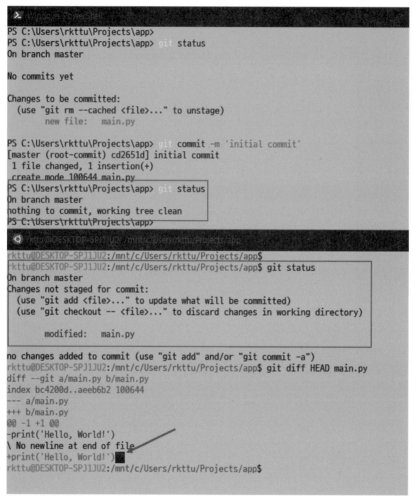

그림 8-4 윈도우와 리눅스의 개행 문자 차이

이 문제를 해결하려면 윈도우에서 체크아웃할 때 윈도우의 개행 문자를 따르게 하고, 커밋될 때 유닉스의 개행 문자를 따르게 변환되도록 전역 git 구성을 다음 명령어처럼 설정하면 된다.

```
git config --global core.autocrlf true
```

[그림 8-5]에서 보인 것처럼 이 전역 구성을 적용하면 윈도우에서 파일을 편집하는 동안 '캐리지 리턴'으로 인해 도입된 특수 문자가 리눅스 측에서는 보이지 않는다. 사실 파일에는 여전히 CR/LF 문자가 포함되어 있지만, 이제 **git**은 LF 문자만을 줄 끝 문자로만 변환하는 것으로 이해하기 때문에 문제가 없다.

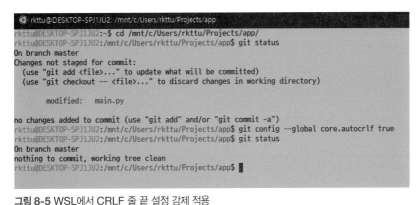

그림 8-5 WSL에서 CRLF 줄 끝 설정 강제 적용

8.1.3 윈도우와 WSL에서 깃 자격 증명 공유하기

윈도우와 리눅스 모두에서 작업할 때 자격 증명도 동기화해야 한다. 즉, 윈도우에 저장된 모든 자격 증명은 WSL의 깃에서 사용할 수 있어야 하며 그 반대의 경우도 마찬가지다.

코드 리포지터리가 HTTPS를 통해 복제되고 자격 증명이 윈도우와 WSL 사이에 유지되도록 하려면 다음 단계를 수행하여 윈도우 자격 증명 도우미를 구성해야 한다.

1 윈도우에서 파워셸 콘솔을 열고 다음 명령을 입력하고 [엔터] 키를 누른다.

```
git config --global cretential.helper wincred
```

2 이제 WSL에서 같은 구성을 수행해야 하므로 WSL 인스턴스를 시작하고, [그림 8-6]에 표시된 대로 다음 명령을 실행하여 방금 구성한 윈도우의 자격 증명 도우미와 같은 프로그램을 사용하도록 한다. 프로그램 파일은 /mnt/c/ 드라이브에 있다.

```
git config --global credential.helper "/mnt/c/Program\ Files/Git/mingw64/
libexec/git-core/git-redential-wincred.exe"
```

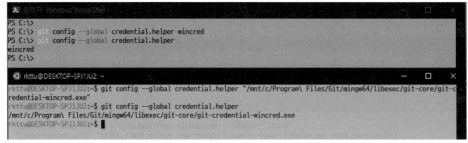

그림 8-6 윈도우 자격 증명 관리자와 git 자격 증명 공유

wincred를 credential.helper로 사용할 때 git은 윈도우 자격 증명 관리자를 사용하여 자격 증명을 저장한다. 이렇게 하면 윈도우와 WSL에서 같은 자격 증명을 공유할 수 있다.

8.2 윈도우 터미널

윈도우 터미널은 풍부한 텍스트 편집 기능, 탭 지원, 배경, 테마, 그리고 글꼴 스타일을 제공하는 것을 목표로 하는 마이크로소프트의 오픈소스 프로젝트다. 뿐만 아니라 새 터미널은 키 바인딩을 제공하며 settings.json이라는 JSON 파일 형식으로 설정을 사용할 수 있으므로 더 고도화된 설정이 가능하다.

이 프로젝트의 가장 큰 목적은 윈도우 개발자에게 향상된 생산성을 제공하는 것이다. 개발자가 리눅스 배포판의 명령 줄 인수를 구성하여 사용자 지정 세션을 시작할 수 있도록 함으로써 WSL과 매우 잘 작동할 수 있게 설계되었다. WSL 구성으로 이동하기 전에 우선 윈도우 터미널을 설치하는 방법 두 가지를 빠르게 살펴보도록 하자.

8.2.1 마이크로소프트 스토어에서 윈도우 터미널 설치하기

다음 단계에 따라 마이크로소프트 스토어에서 마이크로소프트 터미널을 설치할 수 있다.

1 [그림 8-7]과 같이 시작 메뉴로 이동하여 'Microsoft Store'를 검색한다.

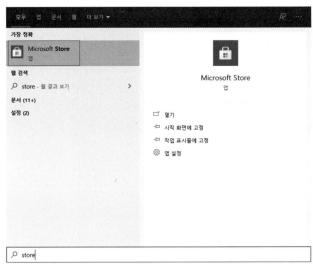

그림 8-7 마이크로소프트 스토어 시작

2 이제 마이크로소프트 스토어에서 'Windows Terminal'을 검색하고 결과에서 [Windows Terminal Preview]를 클릭한다(그림 8-8).

그림 8-8 마이크로소프트 스토어에서 윈도우 터미널 검색

3 [설치] 버튼을 클릭하면 다운로드되고 설치가 시작된다(그림 8-9).

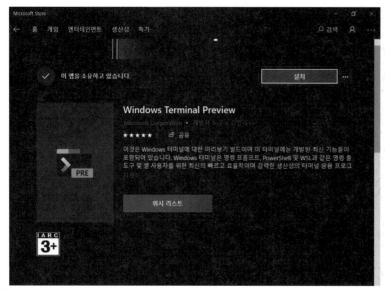

그림 8-9 마이크로소프트 스토어에서 윈도우 터미널 설치

4 설치가 완료되면 시작 메뉴에서 윈도우 터미널을 시작할 수 있다.

8.2.2 초콜레티(Chocolatey)로 윈도우 터미널 설치하기

두 번째 방법은 윈도우 애플리케이션용 명령 줄 설치 프로그램인 '초콜레티^{Chocolatey}'라는 도구를 사용하는 것이다. 초콜레티는 누겟^{NuGet} 패키징 형식을 사용하여 윈도우에 소프트웨어와 애플리케이션을 매우 쉽게 설치할 수 있도록 패키징하는 수단을 제공한다.

다음 단계를 수행하여 윈도우 10에 초콜레티를 설치한 다음, 이를 사용하여 윈도우 터미널을 설치한다.

1 관리 권한으로 파워셸 콘솔을 시작한다.

2 다음 명령어를 실행해 파워셸에 설정된 실행 정책이 설치를 방해하지 않도록 정책 수준을 완화하도록 한다.

```
Set-ExecutionPolicy Bypass -Scope Process -Force
```

3 이제 명령으로 설치 스크립트를 다운로드한 후, Invoke-Expression 명령어를 사용하여 [그림 8-10]과 같이 스크립트를 실행한다.

```
$URL = 'https://chocolatey.org/install.ps1'
$Script = (New-Object System.Net.WebClient).DownloadString($URL)
Invoke-Expression -Command $String
```

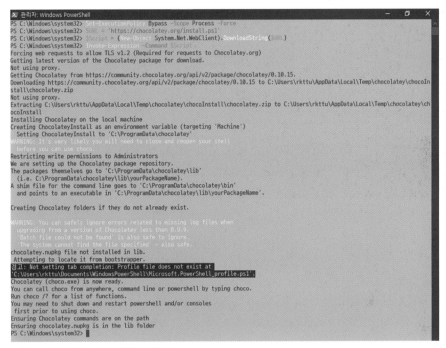

그림 8-10 초콜레티 소프트웨어 다운로드

4 설치가 완료되면 파워셸 콘솔을 다시 시작하고 choco --version을 입력한다. 버전 정보가 표시되면 초콜 레티가 성공적으로 설치된 것이다.

컴퓨터에 초콜레티 설치가 완료되면, [그림 8-11]에 설명된 대로 다음의 명령어를 사용하여 윈도우 터미널 설치를 진행할 수 있다.

```
choco install microsoft-windows-terminal
```

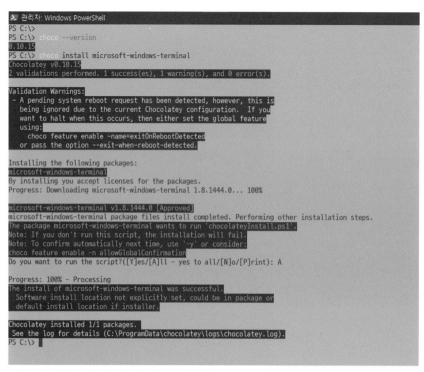

그림 8-11 초콜레티를 사용하여 윈도우 터미널 설치

8.2.3 윈도우 터미널에서 WSL 설정하기

이제 윈도우 터미널을 설치했으므로, WSL용으로 사용 가능한 리눅스 배포판을 이용하여 구성하자. 기본적으로 모든 리눅스 배포판은 [그림 8-12]와 같이 윈도우 터미널의 아래쪽 화살표 기호 밑에 자동으로 채워진다.

그림 8-12 윈도우 터미널에서 WSL 시작

이들은 윈도우 터미널이 실행 중일 때 자동으로 생성되어 `settings.json` 파일에 추가되는 동적 프로필이다. 각 동적 프로필은 시스템에서 만든 GUID와 소스 속성인 `Windows.Terminal.Wsl`, `Windows.Terminal.Azure` 또는 `Windows.Terminal.PowershellCore`로 고유하게 구분된다. 추가되는 내용은 다음의 JSON 구문과 비슷하다.

```
{
  "guid": "{46ca431a-3a87-5fb3-83cd-11ececc031d2}",
  "hidden": false,
  "name": "Ubuntu-18.04",
  "source": "Windows.Terminal.Wsl"
}
```

또한 [그림 8-13]과 같이 WSL에서 사용자 지정 명령 줄 인수를 실행하도록 `settings.json` 파일을 구성할 수도 있다. 예를 들어, WSL에서 우분투 18.04를 root 사용자로 시작하도록 구성할 수 있다. 윈도우 터미널 설정은 `%LOCALAPPDATA%\Packages\Microsoft.WindowsTerminal_8wekyb3d8bbwe\LocalState\` 폴더의 `settings.json` 파일로 저장된다.

```
{
  "guid": "{c6eaf9f4-32a7-5fdc-b5cf-066e8a4b1e40}",
```

```
  "hidden": false,
  "name": "Ubuntu-18.04",
  "commandline": "wsl.exe -u root -d ubuntu-18.04"
}
```

이 설정은 '새 탭 → 설정의 더하기 기호(+) 옆에 있는 윈도우 터미널 → 드롭다운 메뉴'에서도 접근할 수 있다. 또는 [ctrl], [shift], [쉼표(,)] 키를 동시에 눌러 텍스트 편집기에서 settings.json 파일을 연다.[1]

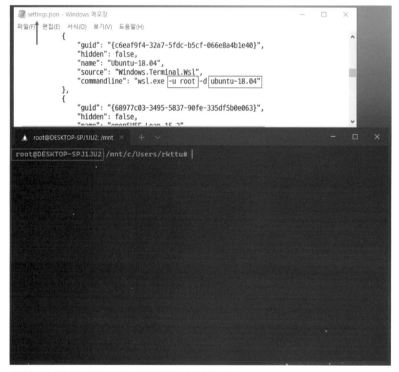

그림 8-13 윈도우 터미널 시작 설정에 WSL 명령 줄 추가

[그림 8-14]와 같이 경로를 지정하여 리눅스 배포판의 시작 디렉터리와 세션 아이콘을 설정할 수도 있다.

---

1 옮긴이_ 윈도우 터미널 최신 버전에서는 설정 파일을 직접 편집할 수도 있지만, 그래픽 방식으로 쉽게 내용을 보고 편집할 수 있도록 개선되었다. 그래픽 방식으로 설정 창을 열려면 [ctrl]과 [쉼표(,)] 키를 누르면 된다.

```
{
  "guid": "{c6eaf9f4-32a7-5fdc-b5cf-066e8a4b1e40}",
  "hidden": false,
  "name": "Ubuntu-18.04",
  "commandline": "wsl.exe -d ubuntu-18.04",
  "startingDirectory": "D:\\Workspace\\",
  "icon": "D:\\icon.jpg"
}
```

NOTE_ 위의 예에서는 리눅스의 역슬래시 문자가 특수 문자를 표시하는 데 사용되므로 윈도우 파일 경로에서 역슬래시 문자를 이스케이프 처리했다.

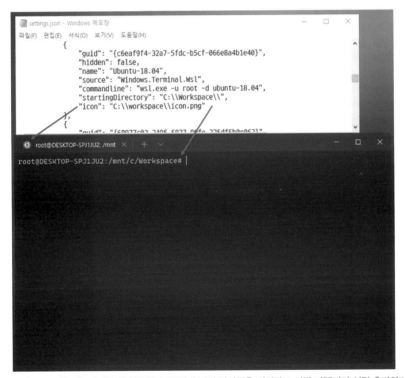

그림 8-14 윈도우 터미널에서 WSL 프로필에 직접 아이콘을 지정하고 시작 디렉터리 설정 추가하기

다른 많은 구성과 설정을 사용할 수 있으며, 윈도우 터미널 소스 코드가 들어있는 깃허브 리포지터리에 자세한 내용이 문서화되어 있다(*https://github.com/microsoft/terminal*).

8.3 비주얼 스튜디오 코드(VSCode)

비주얼 스튜디오 코드는 윈도우, 맥 OS, 리눅스에서 실행할 수 있는 가볍고 강력한 크로스 플랫폼 코드 편집기다. 비주얼 스튜디오 코드는 파이썬, C#, C++, PHP, 자바 등 다양한 프로그래밍 언어를 지원하며, 확장 기능을 설치하여 코드 편집기의 기능을 더욱 강력하게 만들 수 있다.

첫 번째 단계는 다음 URL에서 비주얼 스튜디오 코드를 다운로드하여 설치하는 것이다 (*https://code.visualstudio.com/download*). 가볍기 때문에 금방 설치할 수 있다. 비주얼 스튜디오 코드가 설치되면 'Remote – WSL' 확장을 설치해야 한다.

'Remote – WSL' 확장을 통해 개발자는 WSL을 비주얼 스튜디오 코드의 개발 환경으로 사용할 수 있다. 즉, WSL 파일에 접근하여 편집할 수 있으며 윈도우에서 리눅스 애플리케이션을 직접 디버깅할 수 있다. 또한 이 확장은 윈도우와 리눅스 간의 많은 경로 변환과 호환성 문제를 처리한다.

비주얼 스튜디오 코드는 WSL 내에 비주얼 스튜디오 코드 원격 서버를 설정한다. 이를 통해 윈도우에서 실행되는 도구와 프레임워크를 WSL에서 실행할 수 있으며, 윈도우에서 명령을 받은 다음 WSL에서 실행하고 윈도우로 다시 출력을 반환할 수 있는 통신 채널이 설정된다.

[그림 8-15]는 비주얼 스튜디오 코드를 사용하여 윈도우와 WSL이 상호작용하는 방식을 보여준다.

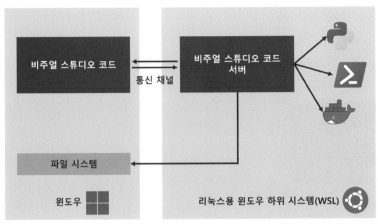

그림 8-15 리눅스용 윈도우 하위 시스템(WSL)의 비주얼 스튜디오 코드 원격 서버

8.3.1 Remote – WSL 확장 설치하기

1 비주얼 스튜디오 코드를 시작한다.

2 왼쪽 사이드 바에서 [확장] 아이콘을 클릭하고 'Remote – WSL'을 검색한다(그림 8-16).

3 이제 [그림 8-16]에 표시한 대로, 'Remote –WSL'에서 [Install]을 클릭하면 비주얼 스튜디오 코드에 확장이 설치된다.

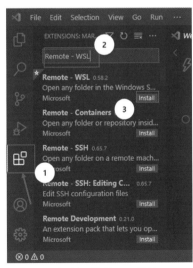

그림 8-16 비주얼 스튜디오 코드용 'Remote – WSL' 확장 설치

8.3.2 WSL 리눅스 배포판 지원

확장이 설치되면 비주얼 스튜디오 코드를 WSL에 연결할 수 있는 새 상태 표시줄 항목이 나타나고, 비주얼 스튜디오 코드와 연결된 현재 리눅스 배포판도 표시된다.

이것을 클릭하면 비주얼 스튜디오 코드에서 WSL 인스턴스를 시작하는 옵션이 있는 명령 팔레트가 시작된다. 'Remote – WSL: New Window' 명령을 선택하면 [그림 8-17]에서 볼 수 있는 것처럼 비주얼 스튜디오 코드의 새 인스턴스가 시작되고 기본 WSL 리눅스 배포판의 콘텍스트가 표시된다.

그림 8-17 IDE의 왼쪽 아래 모서리에 표시된 대로 WSL 배포판의 콘텍스트에서 시작된 비주얼 스튜디오 코드

WSL은 여러 개의 리눅스 배포판을 지원하며, 또 다른 옵션을 활용하여 쉽게 접근할 수 있다. 명령 팔레트([F1] 키)를 불러와 'distro'를 검색한 다음 [그림 8-18]과 같이 'Remote – WSL: New Window using Distro' 명령을 선택하기만 하면 된다.

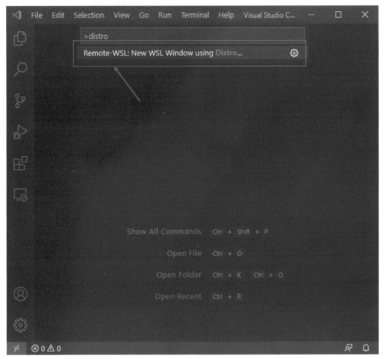

그림 8-18 비주얼 스튜디오 코드에서 WSL 배포판 시작

그러면 [그림 8-19]와 같이 WSL을 통해 설치된 현재 리눅스 배포판이 모두 나열되며, 비주얼
스튜디오 코드와 함께 사용할 배포판을 선택할 수 있다.

그림 8-19 비주얼 스튜디오 코드에서 연결할 WSL 배포판 선택

Kali-Linux를 선택한다고 가정해보자. Kali-Linux의 콘텍스트로 새 비주얼 스튜디오 코드 인스턴스를 시작한다. [그림 8-20]에 표시된 곳에서 콘텍스트를 확인할 수 있다.

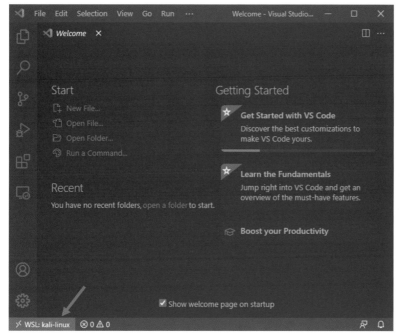

그림 8-20 선택한 배포판 콘텍스트에서 시작된 비주얼 스튜디오 코드

8.3.3 통합 터미널과 기본 셸

WSL의 콘텍스트에 연결되었다면, [그림 8-21]과 같이 [Terminal(터미널)] → [New Terminal(새 터미널)]을 클릭하여 메뉴 표시 줄에서 새 터미널을 시작할 수 있다. 또는 [ctrl] 과 [억음 부호(`)]키를 눌러 새 터미널을 시작할 수도 있다.

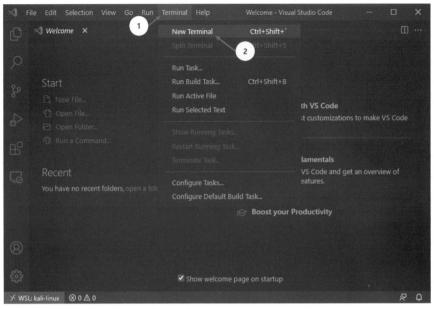

그림 8-21 비주얼 스튜디오 코드의 메뉴 모음에서 통합 터미널 시작

터미널이 시작되면 [그림 8-22]와 같이 작업 중인 리눅스 배포판에서 기본 셸이 자동으로 열린다.

그림 8-22 터미널이 WSL 배포판의 기본 셸을 시작함

이제 WSL 인스턴스 내부의 **bash** 셸이 있는 터미널을 실행했으므로, 터미널 인스턴스가 실행될 때마다 시작할 기본 셸을 설정할 수 있다. 이어서 윈도우에서 실행되는 비주얼 스튜디오 코드에서 사용할 WSL에 대한 기본 셸을 설정한다.

1 WSL 콘텍스트에서 시작된 비주얼 스튜디오 코드 터미널에서 [그림 8-23]과 같이 오른쪽에 있는 드롭다운 버튼을 클릭한다.

그림 8-23 기본 셸 변경

2 드롭다운 메뉴에서 [그림 8-24]와 같이 '[bash bash(기본 셸 선택)]'를 클릭한다. 리눅스 배포판의 셸 애플리케이션 드롭다운 목록이 있는 명령 팔레트가 나타난다.

그림 8-24 비주얼 스튜디오 코드 터미널의 기본 셸 선택

3 선호하는 셀을 선택하고, 비주얼 스튜디오 코드에서 터미널의 오른쪽 상단 모서리에 있는 휴지통 모양의 아이콘을 클릭하여 터미널을 종료한다.

4 [그림 8-25]는 터미널을 다시 시작하면 이전 단계에서 선택한 기본 셀이 열리는 것을 보여준다.

그림 8-25 터미널의 새로운 기본 셀 설정

8.3.4 WSL에서 비주얼 스튜디오 코드 확장 설치하기

비주얼 스튜디오 코드를 사용하면 개발자가 WSL에 확장 기능이나 도구를 매우 간단하고 직관적으로 설치할 수 있다. 예를 들어 비주얼 스튜디오 코드의 인스턴스가 'Remote – WSL' 인스턴스의 콘텍스트에서 실행 중이고, 왼쪽 사이드 바에서 [확장]을 클릭하면 [그림 8-26]과 같은 확장을 검색할 수 있는 화면이 나타난다.

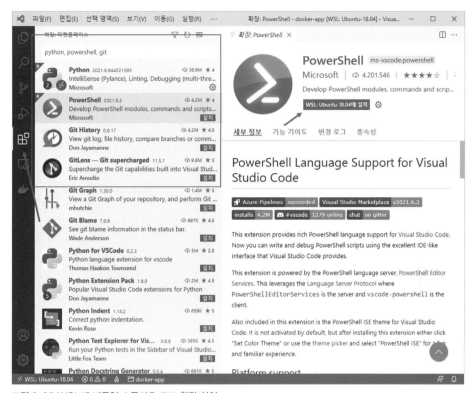

그림 8-26 WSL에 비주얼 스튜디오 코드 확장 설치

윈도우에서 사용할 수 있던 확장 중 일부는 WSL과 호환되며 [WSL: Ubuntu-18.04에 설치 (WSL에 설치)] 버튼이 표시되어 있다(그림 8-26). 버튼을 클릭하면 WSL에 확장이 설치된다. [그림 8-27]에 나타난 대로 예제를 위해 파이썬 확장을 설치해보자.

그림 8-27 WSL에서 진행 중인 비주얼 스튜디오 코드 확장 설치

설치가 완료되면 비주얼 스튜디오 코드를 다시 시작해야 한다. [그림 8-28]처럼 'WSL: UBUNTU-18.04-Installed' 아래에 파이썬 확장이 나타난다. 이 설정을 처음으로 진행하면, 비주얼 스튜디오 코드 확장에서 어떤 파이썬 인터프리터를 사용할 것인지 설정해달라는 몇 가지 화면이 추가로 표시될 수 있지만, 그 외에 다른 팝업은 거의 표시되지 않는다. 인터프리터가 선택되면 확장은 인텔리센스IntelliSense와 디버깅과 같은 기능을 활성화한다. 또한 Pylint, pycodestyle, Flake8, mypy, pydocstyle, Prospector, 그리고 pylama와 같은 다양한 린터linter 중 사용을 원하는 린트를 선택할 것을 요청하는 화면을 볼 수 있다. 린팅은 파이썬 프로그램에서 오류를 자동으로 분석하고, 수정에 걸리는 시간과 노력을 줄여주는 과정이다. 린팅을 사용하면 개발을 더 빠르게 하고, 코드 품질을 개선할 수 있다.

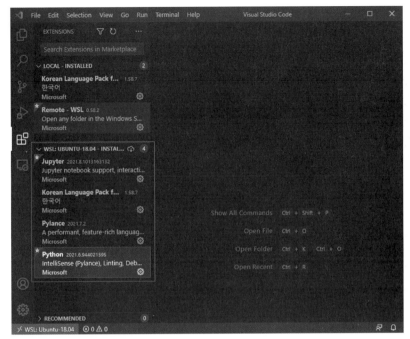

그림 8-28 WSL에 설치된 비주얼 스튜디오 코드 확장

8.3.5 WSL 파일 편집과 파일 탐색기

이제 WSL에 파이썬 확장이 설치되었으므로, WSL의 bash 터미널에서 다음 명령을 실행하여 비주얼 스튜디오 코드와 연결된 WSL 환경에서 파이썬 프로그램을 열 수 있다.

```
code script.py
```

또한 [그림 8-29]처럼 [파일 탐색기] 아이콘을 클릭한 다음 [Open Folder]를 클릭하면 비주얼 스튜디오 코드 내에서 WSL의 원격 폴더에 접근할 수 있다.

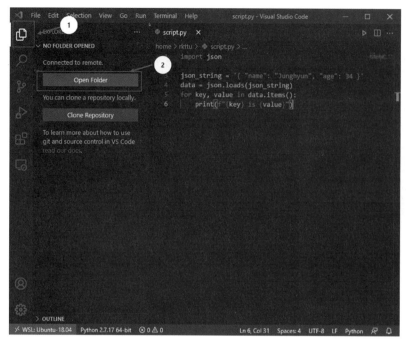

그림 8-29 비주얼 스튜디오 코드의 파일 탐색기

[그림 8-30]에서 표시한 것처럼 실행하면 디렉터리의 모든 파일에 접근할 수 있으며, 비주얼 스튜디오 코드를 사용하여 WSL에서 파일과 폴더를 만들 수 있다.

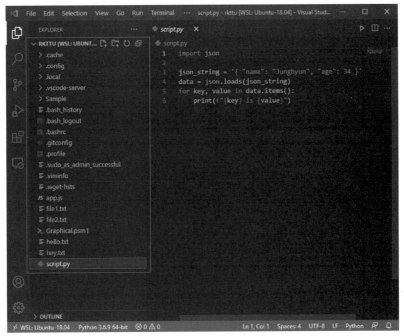

그림 8-30 비주얼 스튜디오 코드의 파일 탐색기에서 WSL 내부의 파일과 폴더에 접근

8.3.6 프로그램 실행과 디버깅

도구를 설정하고 비주얼 스튜디오 코드에서 WSL로 파일과 프로그램을 편집하고 만드는 기능을 설정했으니, 다음으로 프로그램을 실행하고 디버깅하는 방법을 살펴보자. 예를 들어 JSON 문자열을 구문 분석하고, 항목을 반복하고, 인쇄하기 위해 내 홈 폴더 /home/prateek에 다음과 같은 간단한 파이썬 코드를 작성한다. WSL 콘텍스트의 터미널에서 touch script.py를 사용하여 현재 작업 디렉터리에 script.py라는 파일을 만들고, code script.py 명령을 다음과 같이 실행하여 비주얼 스튜디오 코드에서 이 파일을 열 수 있다. [그림 8–31]의 1단계와 같이 파일에 다음 코드 샘플을 복사하여 붙여 넣고 [ctrl]과 [S] 키를 눌러 저장한다.

```python
import json
json_string = '{ "name":"Prateek", "age":29, "city":"Bengaluru" }'
data = json.loads(json_string)
for key, value in data.items():
  print(f"{key} is {value}")
```

script.py 파일을 만들고 비주얼 스튜디오 코드에서 연 후, 편집기 창에서 코드 줄 옆의 맨 왼쪽 여백을 클릭하여 7행에 중단점breakpoint을 설정한다. 그러면 [그림 8-31]의 2단계처럼 (빨간색) 원이 표시되며 중단점이 설정된다. 완료되면 [그림 8-31]의 3단계로 표시된 왼쪽 사이드바에서 [실행 및 디버그] 아이콘을 클릭한다. 디버그 콘솔로 전환되면, 디버그 콘솔에서 [Run and Debug] 버튼을 클릭한다. 그다음 'Python File Debug the currently active Python file'이라는 디버그 구성을 선택한다. 그러면 우리가 작성한 프로그램이 실행된다.

그림 8-31 윈도우의 비주얼 스튜디오 코드에서 WSL에서 코드 실행과 디버깅

7번째 줄에 중단점을 설정했으므로 코드 실행이 해당 줄에서 일시 중지된다. 이제 [그림 8-32]에서 표시한 대로 key와 value 같은 런타임 변수의 값을 볼 수 있으며, 계속 다음 단계로 넘어갈 수 있다. 프로그램이 계속 실행되고 런타임 변수의 값이 어떻게 변경되는지 검사하기 위해, 제어 흐름이 for 반복문에 있을 때 [F10] 키로 실행 흐름을 원하는 대로 제어할 수 있다. 또한 윈도우에서 WSL에서 실행되는 프로그램의 호출 스택을 탐색하고 변수 내역을 조회할 수도 있다.

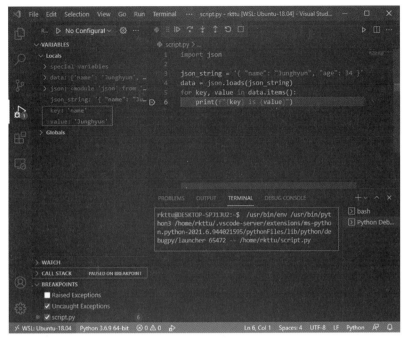

그림 8-32 WSL에서 파이썬 프로그램의 변숫값 검사하기

WSL에서 실행되는 프로그램에서 이와 같은 디버깅이 가능한 이유는 WSL에서 실행되는 비주얼 스튜디오 코드 원격 서버를 통해 통신 채널을 설정하는 비주얼 스튜디오 코드 파이썬 확장 덕분이다.

8.4 WSL 2의 도커 컨테이너

도커 데스크톱이라고도 불리는 윈도우용 도커의 커뮤니티 버전은 도커 허브에서 윈도우 10 64 비트 프로페셔널 또는 엔터프라이즈 버전용으로 다운로드할 수 있다. 윈도우 10의 최근 아키텍처 변경 이후, 도커 데스크톱은 경량 유틸리티 가상 머신(VM)과 함께 배포되는 WSL 2를 기반으로 실행 엔진을 변경했다. 새 아키텍처는 이전에 다룬 'Remote – WSL' 확장과 같은 형태로 작동한다. 윈도우 10에서 컨테이너 수명 주기를 파악하고 관리할 수 있도록 WSL 2에 전용 서버가 설정된다. 즉, 윈도우 10(호스트) 컴퓨터에서 실행되는 모든 도커 CLI 명령이 WSL 2(VM)로 전달되고 도커 통합 패키지에서 실행된다.

도커 허브 웹 사이트에서 도커 데스크톱을 다운로드하고, 도커 공식 웹 사이트의 지침에 따라 윈도우 10 컴퓨터에 설치한다. 설치가 완료되고 변경 사항을 적용하려면 시스템을 다시 시작해야 한다.[2]

WSL에서 도커 데스크톱을 사용하려면 `wsl --list -verbose` 명령어를 사용하여 WSL 2에서 실행 중인 리눅스 배포판을 확인한다. 그다음 WSL 리눅스 배포판 중 적어도 하나 이상의 배포판이 버전 2를 사용하도록 설정한다.

```
wsl --set-version <distro name> 2
```

예제는 다음과 같다.

```
wsl --set-version ubuntu-18.04 2
```

이렇게 WSL 2 배포판을 하나 준비하고 도커 데스크톱이 윈도우 10 컴퓨터에 설치되면, 다음 단계에 따라 WSL 2 통합을 설정한다.

---

2 옮긴이_ 다운로드: *https://hub.docker.com/editions/community/docker-ce-desktopwindows*
설치: *https://docs.docker.com/docker-for-windows/install*

1 시작 메뉴로 이동하여 'Docker'를 검색하고 [그림 8-33]과 같이 [Docker Desktop]을 클릭한다.

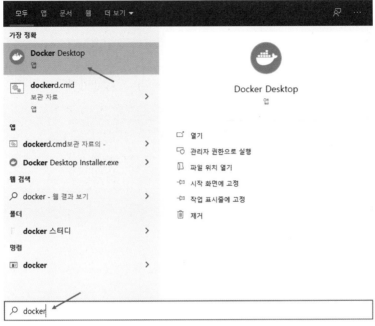

그림 8-33 윈도우 10 시작 메뉴에서 도커 데스크톱 시작하기

2 이렇게 하면 도커 데스크톱이 아직 실행되고 있지 않은 경우 백그라운드에서 시작된다. 이제 [그림 8-34]처럼 작업 표시줄의 오른쪽 하단에서 도커 트레이 아이콘을 마우스 우클릭하면 메뉴가 표시되고 [Settings(설정)]을 클릭한다.

그림 8-34 도커 설정 열기

3 설정 창에서 [그림 8-35]의 1단계로 표시된 [General(일반)]으로 이동하고, 2단계인 'Use the WSL 2 based engine(WSL 2 기반 엔진 사용)' 옆의 확인란을 선택한다.

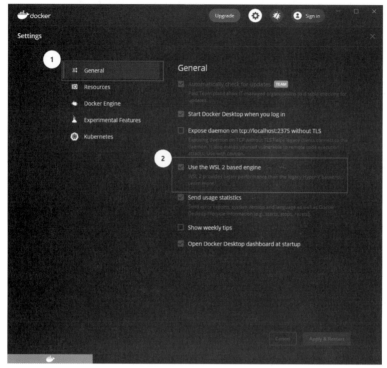

그림 8-35 도커용 WSL 2 엔진 활성화

4 이제 [Settings(설정)] → [Resources(리소스)] → [WSL Integration(WSL 통합)]으로 이동하여 새로운 도커 엔진과 연결할 모든 WSL 2 배포판 패키지를 선택하여 지원 기능을 활성화한다.

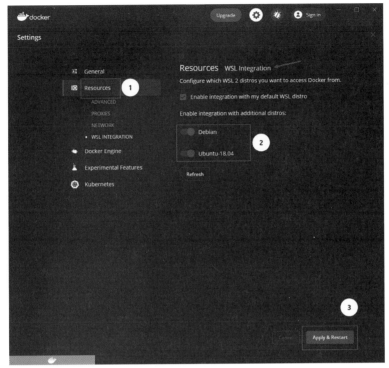

그림 8-36 윈도우용 도커 데스크톱에 접근하려는 WSL 배포판 선택

5 [그림 8-36]과 같이 [Apply & Restart]를 클릭하여 설정을 마친다.

8.4.1 도커와 WSL 2로 웹 애플리케이션 개발하기

도커 데스크톱을 설치한 후 WSL 2를 사용하도록 설정하고, 비주얼 스튜디오 코드가 윈도우 컴퓨터에 설치되면, WSL 2에서 도커를 사용하여 개발하는 것은 매우 쉬우며 리눅스 배포판 내에서 코드 작업을 시작할 수 있다.

'Remote - WSL' 확장을 사용하여 WSL 콘텍스트에 연결할 때 도커 컨테이너, 이미지, 레지스트리, 네트워크, 그리고 볼륨 현황을 볼 수 있도록 윈도우 10과 WSL 측 모두에서 비주얼 스튜디오 코드에 마이크로소프트의 도커 확장을 설치하는 것이 유용하다. 그러면 컨테이너 안의 대화형 셸에도 연결할 수 있게 된다.

이제 간단한 ASP 닷넷 코어ASP.NET Core 웹 애플리케이션을 만들고, 웹 애플리케이션 코드를 도커 컨테이너에 넣는 과정을 살펴보자. 먼저 공식 다운로드 페이지(*https://dotnet.microsoft.com*)에서 최신 버전의 닷넷 SDK를 다운로드하여 설치하고, 다음 지침에 따라 설치를 완료하는 것이다(*https://docs.microsoft.com/en-us/dotnet/core/install/sdk*).

설치가 완료된 후 관리자 권한으로 파워셸 콘솔을 열고 `dotnet --version` 명령을 실행한다. 방금 설치한 닷넷 SDK가 성공적으로 설치된 것을 볼 수 있다. 이제 다음 명령을 사용하여 새 닷넷 웹 애플리케이션을 만들어보자. 이 명령을 실행하면 [그림 8-37]과 같이 현재 작업 디렉터리 안의 **docker-app**이라는 새 디렉터리에 필요한 모든 파일을 자동으로 만들어준다.

```
dotnet new webapp -o docker-app
```

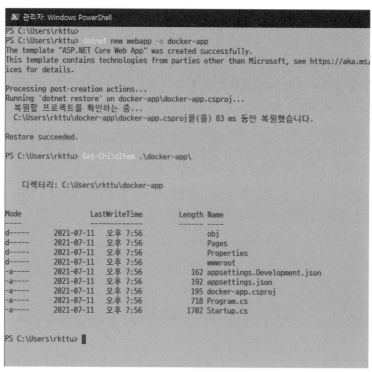

그림 8-37 간단한 닷넷 웹 애플리케이션 만들기

이제 WSL 배포판에 **docker-app**과 같은 이름의 디렉터리를 만들고 다음 파워셸 명령어를 사용하여 [그림 8-38]처럼 WSL 2에서 실행되는 리눅스 배포판에 ASP 닷넷 코어 애플리케이션의 모든 파일과 폴더를 복사한다.

```
Copy-Item D:\docker-app\*\\wsl$\Ubuntu-18.04\home\prateek\docker-app\ -Recurse
```

그림 8-38 윈도우에서 WSL로 닷넷 애플리케이션 파일 복사

필요한 모든 파일을 WSL의 **docker-app** 폴더 안에 복사한 후, **docker-app** 폴더 내에 다음 **Dockerfile** 파일을 만들어야 한다. **Dockerfile**은 컨테이너 이미지를 자동으로 빌드하거나 어셈블하는 데 필요한 모든 명령과 지침이 포함된 간단한 텍스트 문서이다.

```
FROM mcr.microsoft.com/dotnet/core/sdk:3.1 AS build-env
WORKDIR /app
# csproj 파일만 복사하고, 프로젝트에서 참조하는 패키지를 별도의 레이어에서 복원한다.
COPY *.csproj ./
RUN dotnet restore
# 나머지 파일들을 모두 복사하고, 프로젝트를 빌드한다.
COPY . ./
RUN dotnet publish -c Release -o out
```

```
# 빌드 도구가 없는 실행 전용 이미지를 빌드한다.
FROM mcr.microsoft.com/dotnet/core/aspnet:3.1
WORKDIR /app
COPY --from=build-env /app/out .
ENTRYPOINT ["dotnet", "docker-app.dll"]
```

빌드할 때 굳이 필요하지 않은 파일을 제외하기 위해, 다음 .dockerignore이라는 다른 파일을 dockerapp 디렉터리에 만든다.

```
/bin
/obj
```

이제 ASP 닷넷 코어 웹 애플리케이션이 담겨있는 **docker-app** 디렉터리 안의 'Pages →
index.cshtml' 파일을 커스터마이징할 것이다. <h1>..</h1> 태그 안의 문자열을 [그림
8-39]에 표시된 텍스트 편집기 창의 내용처럼 약간 수정하여 저장한다.

그림 8-39 비주얼 스튜디오 코드에서 WSL의 ASP 닷넷 코어 웹 애플리케이션 편집

Dockerfile과 .dockerignore 파일을 만들었고, 페이지의 내용을 커스터마이징했으니 이제 WSL의 bash 셸에서 docker build 명령어을 실행한다. 그러면 Dockerfile에서 구성한 내용대로 [그림 8-40]에 표시된 것과 같이 컨테이너 이미지를 빌드하게 된다.

```
docker build -t docker-app .
```

```
rkttu@DESKTOP-SPJ1JU2:~/docker-app$ docker build -t docker-app .
[+] Building 0.4s (15/15) FINISHED
 => [internal] load build definition from Dockerfile                                                0.0s
 => => transferring dockerfile: 38B                                                                 0.0s
 => [internal] load .dockerignore                                                                   0.0s
 => => transferring context: 2B                                                                     0.0s
 => [internal] load metadata for mcr.microsoft.com/dotnet/core/aspnet:3.1                           0.1s
 => [internal] load metadata for mcr.microsoft.com/dotnet/core/sdk:3.1                              0.2s
 => [build-env 1/6] FROM mcr.microsoft.com/dotnet/core/sdk:3.1@sha256:93683294b914c3370bf7871d9397812452f4f05af7bfec8  0.0s
 => [stage-1 1/3] FROM mcr.microsoft.com/dotnet/core/aspnet:3.1@sha256:f2889025e0bb21fd8ceafa86e78b9c51962bbe6933f513  0.0s
 => [internal] load build context                                                                   0.0s
 => => transferring context: 5.00kB                                                                 0.0s
 => CACHED [stage-1 2/3] WORKDIR /app                                                                0.0s
 => CACHED [build-env 2/6] WORKDIR /app                                                              0.0s
 => CACHED [build-env 3/6] COPY *.csproj ./                                                          0.0s
 => CACHED [build-env 4/6] RUN dotnet restore                                                        0.0s
 => CACHED [build-env 5/6] COPY . ./                                                                 0.0s
 => CACHED [build-env 6/6] RUN dotnet publish -c Release -o out                                      0.0s
 => CACHED [stage-1 3/3] COPY --from=build-env /app/out .                                            0.0s
 => exporting to image                                                                              0.0s
 => => exporting layers                                                                             0.0s
 => => writing image sha256:b8aff70c1c4a47b2ba85a27e0fa34a95bc7dc859cdf1e9408f8f07735d61a022         0.0s
 => => naming to docker.io/library/docker-app                                                       0.0s

Use 'docker scan' to run Snyk tests against images to find vulnerabilities and learn how to fix them
rkttu@DESKTOP-SPJ1JU2:~/docker-app$ []
```

그림 8-40 ASP 닷넷 코어 웹 애플리케이션으로 도커 이미지 빌드

빌드가 끝나고 성공 메시지가 [그림 8-40]과 같이 표시되면, 도커로 만든 ASP 닷넷 코어 웹 애플리케이션을 다음의 명령어를 통해 컨테이너로 실행할 수 있다. 이 명령을 실행하면, ASP 닷넷 코어 웹 애플리케이션이 80번 포트로 연결을 받을 수 있게 도커 컨테이너 안에서 수신기를 설정하고, 이어서 도커 백엔드가 8080번 포트를 통해 웹 애플리케이션에 접속할 수 있게 연결시켜준다. 그리고 [그림 8-41]과 같이 윈도우 10 컴퓨터의 localhost 포트 8080으로 연결할 수 있도록 WSL이 설정해준다.

```
docker run -d -p 8080:80 --name mywebapp docker-app
```

```
rkttu@DESKTOP-SPJ1JU2:~/docker-app$ docker run -d -p 8080:80 --name mywebapp docker-app
bcc4138b2fcf30e90c0535e9b92ae413099533a32a336859c7f8ae8495e387be
rkttu@DESKTOP-SPJ1JU2:~/docker-app$ docker ps
CONTAINER ID   IMAGE        COMMAND             CREATED        STATUS        PORTS
NAMES
bcc4138b2fcf    docker-app   "dotnet docker-app.d…"   5 seconds ago   Up 4 seconds   0.0.0.0:8080->80/tcp, :::8080->80/tcp
mywebapp
rkttu@DESKTOP-SPJ1JU2:~/docker-app$ ▮
```

그림 8-41 WSL에서 도커 컨테이너 실행

이제 웹 브라우저를 시작하고 *http://localhost:8080*으로 이동하면, 수정했던 인덱스 HTML 페이지의 내용이 반영된 ASP 닷넷 코어 웹 애플리케이션에 접근할 수 있다. [그림 8-42]에 표시된 대로, 지원되는 WSL 2 내부의 도커 컨테이너에서 호스팅되는 웹 애플리케이션이 실행된 것이다.

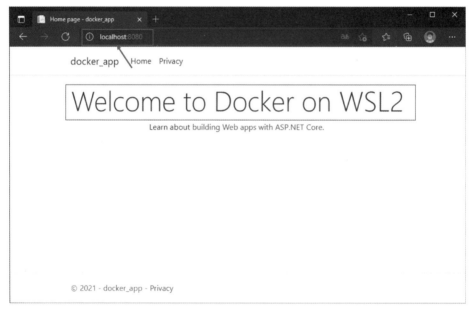

그림 8-42 도커에서 실행한 ASP 닷넷 코어 웹 애플리케이션에 접근하기

도커 확장이 설치되어 있는 경우, 왼쪽 사이드 바에서 '도커' 아이콘으로 탐색 창을 열 수 있다. 여기서 방금 만든 컨테이너와 이미지, 도커 레지스트리, 그리고 네트워킹 구성 요소를 찾을 수 있다. 이 확장은 [그림 8-43]처럼 비주얼 스튜디오 코드에서 편리하게 도커 리소스를 관리하고 파악할 수 있는 그래픽 방식의 인터페이스를 제공하며, 도커에서 컨테이너로 만들어진 애플리케이션을 개발하는 환경과 잘 통합되어 있다.

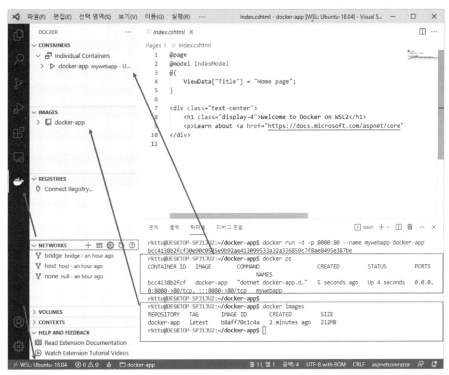

그림 8-43 비주얼 스튜디오 코드용 도커 확장을 사용하여 WSL 기반 도커 컨테이너 확인하기

8.5 마무리

8장에서는 개발자가 최소한의 노력으로 코드를 작성하여 애플리케이션을 개발할 수 있고, 전반적인 개발자 생산성을 개선할 수 있는 WSL 기반의 개발 도구를 알아보는 것에 중점을 두었다. 버전 제어 도구인 깃^{Git}과 윈도우, 리눅스 환경 간의 텍스트 줄 끝 차이로 발생하는 문제를 해결하고, 환경 사이에 자격 증명을 공유하는 데 필요한 몇 가지 주의 사항과 해결 방법을 서두

로 시작했다. 윈도우 터미널의 다운로드, 설치, 설정 방법과 리눅스 배포판용 윈도우 하위 시스템을 사용하도록 커스터마이징하는 방법도 살펴보았다. 이어서 WSL을 사용하여 마이크로소프트 오픈소스, 크로스 플랫폼 편집기인 비주얼 스튜디오 코드를 설치, 설정하고 구성하는 방법을 배웠으며, WSL 파일 시스템상에 저장한 파이썬 프로그램을 윈도우에서 한 줄씩 디버그 모드로 실행하는 방법도 살펴보았다. 마지막으로 비주얼 스튜디오 코드와 WSL 2를 활용하여 도커 컨테이너에서 ASP 닷넷 코어 웹 애플리케이션을 개발하는 방법을 알아보며 8장을 마무리했다. 9장에서는 WSL에서 완전한 데스크톱 환경으로 만드는 방법을 단계별로 살펴본다.

## CHAPTER 9

WSL에서 실행하는 리눅스 데스크톱

9장에서는 리눅스용 윈도우 하위 시스템(WSL)에서 데스크톱 환경을 활성화하는 데 필요한 도구, 서비스, 단계별 구성과 설정 과정에 대해 살펴본다.[1] WSL에서 완전한 데스크톱 환경을 제공하려면 꼭 갖추어야 할 두 가지 요소가 있다. 첫째, 사용자가 그래픽 사용자 인터페이스를 이용하고 메뉴와 여러 창 애플리케이션을 사용하여 리눅스와 상호작용할 수 있는 데스크톱 환경이 필요하다. 둘째, 윈도우 사용자가 WSL에서 실행되는 리눅스 데스크톱 환경에 접근할 수 있도록 도와주는 서비스가 필요하다.

여기서는 'Xfce'를 데스크톱 환경으로 사용하고, 'xRDP'를 서비스로 사용하여, 윈도우에서 들어오는 원격 데스크톱 프로토콜Remote Desktop Protocol(RDP) 연결 요청을 이해할 수 있는 리눅스 배포판에서 RDP 서버를 실행하는 방법을 알아본다.

리눅스 데스크톱을 구성하는 단계를 하나씩 살펴보자.

---

1   옮긴이_ 이 책이 번역되고 있는 현재, 윈도우 운영체제 개발자 채널 기준 빌드 번호 19536 이상, 그리고 2021년 연말에 출시될 윈도우 11부터는 WSLg라는 공식 GUI 하위 시스템이 포함될 예정이다. GUI 지원은 물론 3D 가속, GPGPU 지원, 사운드 지원, 그리고 리눅스 데스크톱에 설치되는 애플리케이션의 바로 가기 등을 시작 메뉴와 동기화하는 기능까지 기본으로 포함되고, 자동으로 활성화되므로 별도 설치가 필요 없다.

9.1 Xfce

Xfce는 [그림 9-1]에 표시된 명령 줄 인터페이스에 비해 시각적으로 매력적이고, 사용자 친화적인 유닉스 계열 운영체제를 위한 무료 오픈소스 데스크톱 환경이다. Xfce는 매우 얇고 가볍기 때문에 시스템에 최소한의 리소스(메모리와 CPU) 공간만 사용하는 장점이 있다.

그놈GNOME 데스크톱과 마찬가지로 Xfce는 X 윈도우 시스템에서 작동하는 그래픽 사용자 인터페이스(GUI) 프로그램을 만드는 데 널리 사용되는 툴킷인 김프 툴킷GIMP toolkit(GTK)을 기반으로 한다. GTK와 같은 툴킷을 통해 개발자는 일반 사용자, 그리고 다른 GUI 프로그램과의 상호작용을 위한 창, 메뉴와 팝업 대화 상자 같은 그래픽 구성 요소를 만들 수 있다.

여러 패키지와 구성 요소가 함께하여 세밀하게 구성할 수 있는 완전한 데스크톱 환경을 제공한다. 즉, 사용자는 자신이 원하는 패키지를 켜거나 끄면서 자신의 요구에 적합한 데스크톱 환경을 만들 수 있다. Xfce의 핵심 구성 요소는 다음과 같다.

- 창 관리자: 화면에서 창 배치를 제어하고 관리한다.
- 데스크톱 관리자: 배경 이미지, 메뉴, 바탕 화면을 처리한다.
- 패널: 창과 애플리케이션 사이를 전환하는 기능을 제공한다.
- 세션 관리자: 사용자가 로그인한 세션 내역을 관리한다.
- 애플리케이션 파인더: 사용자가 쉽게 접근할 수 있도록 설치된 애플리케이션을 분류하고 표시한다.
- 파일 관리자: 그래픽 사용자 인터페이스에서 파일 관리 기능을 제공한다.
- 설정 관리자: 테마, 디스플레이 설정과 같은 데스크톱 환경의 모든 설정을 제어한다.

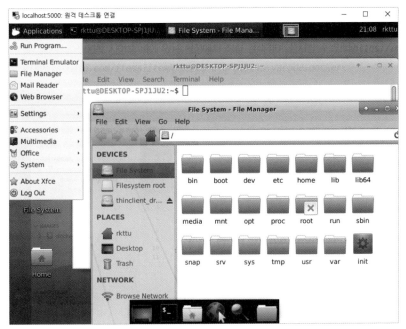

그림 9-1 Xfce를 사용하는 데스크톱 환경

9.2 xRDP

xRDP는 윈도우 사용자가 원격 컴퓨터에 로그인하고 연결할 수 있는 그래픽 인터페이스를 제공하여, 윈도우 RDP를 통해 리눅스 데스크톱에 원격으로 접근할 수 있는 오픈소스 도구이다. 지원되는 RDP 클라이언트(예: `MSTSC.exe`)를 이용하여 리눅스 배포판에서 실행되는 xRDP 서버에 연결 요청을 보낼 수 있다. 지원되는 RDP 클라이언트는 다음과 같다.

- 마이크로소프트 터미널 서비스 클라이언트(MSTSC)
- FreeRDP
- Rdesktop
- NeutrinoRDP

즉, xRDP는 네트워크 연결을 통해 윈도우 사용자와 리눅스 시스템의 연결을 연결할 수 있는 마이크로소프트의 독점적인 RDP 프로토콜의 오픈소스 구현체이다. xRDP는 TLS(전송 계층 보안) 프로토콜을 지원하여 더욱 안전한 연결 방식을 제공한다.

모든 xRDP 구성 설정은 /etc/xrdp/xrdp.ini 파일에 저장된다. [그림 9-2]에 표시된 것과 같이 이 파일 안에는 사용자가 리눅스 데스크톱에 연결할 수 있는 포트 번호나 연결 보안에 사용되는 프로토콜 설정 예를 들어 RDP, TLS, 혹은 양자 간 협상과 같은 설정을 찾을 수 있다.

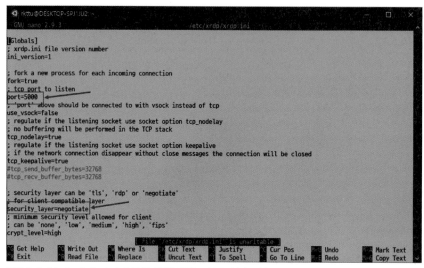

그림 9-2 /etc/xrdp/xrdp.ini 구성 파일을 통한 xRDP 서버 구성

xRDP 서버는 또한 [그림 9-3]에 설명된 대로 로그 파일 /var/log/xrdp.log 에 들어오는 모든 연결에 대한 정보나 보안 계층 등 여러 상황들을 로그로 기록한다.

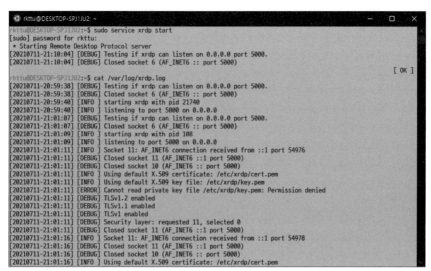

그림 9-3 /var/log/xrdp.log에 저장된 xRDP 서버 로그

이제 Xfce와 xRDP의 기능을 이해했으니, 완전한 그래픽 사용자 인터페이스(GUI)를 만들고 전반적인 개발 생산성을 개선할 WSL에 데스크톱 환경을 설정해보자.

> **NOTE_** 책 모든 예제에서 우분투 18.04 배포판을 사용하고 있지만, 2020년 4월부터 WSL용 우분투 20.04 LTS 리눅스 배포판이 출시되었다. 9장의 모든 예제는 최신 우분투 릴리스를 기반으로 설명한다. 예제를 진행하기 전에 마이크로소프트 스토어로 이동하여 '우분투 20.04 LTS' 리눅스 배포판 패키지를 컴퓨터에 설치하자.

9.3 설치와 구성

WSL에서 데스크톱 환경을 구현하려면 다음의 단계를 따른다.

1 WSL에서 우분투 20.04 LTS 배포판에 다음 명령을 실행하여 배포판의 모든 패키지를 최신 버전으로 업그레이드한다. 이 단계는 인터넷 속도에 따라 업데이트를 완료하는 데 다소 시간이 걸릴 수 있으므로 [그림 9-4]와 같이 완료될 때까지 기다린다.[2]

```
sudo apt update && sudo apt upgrade -y
```

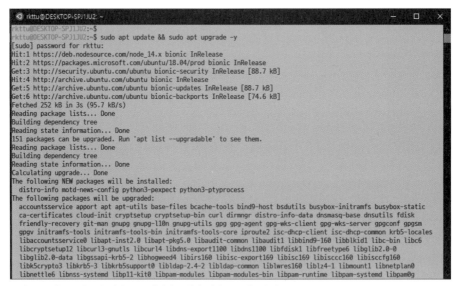

그림 9-4 리눅스 배포판 내의 모든 패키지를 최신 버전으로 업그레이드

2 업데이트가 완료되면 다음 명령을 실행하여 Xfce와 xRDP 서버를 모두 설치한다. 윈도우 디펜더 방화벽 경고가 나타날 수 있지만, 계속해서 개인 네트워크에 대해 '접근 허용'을 선택한다.

```
sudo apt install xfce4 xrdp
```

3 설치가 완료되면 xRDP가 [그림 9-5]에 표시된 것처럼 포트 3389를 사용하지 않는지 확인해야 한다. 그렇지 않으면 윈도우 호스트에서 실행 중인 RDP 서버와 충돌한다.

---

2 옮긴이_ 혹시 지금 사용하는 인터넷이 종량제가 아닌지 확인하길 바란다. 비용이 과다하게 청구되거나 그 달의 잔여 무료 인터넷 사용량이 금방 바닥날 수 있다.

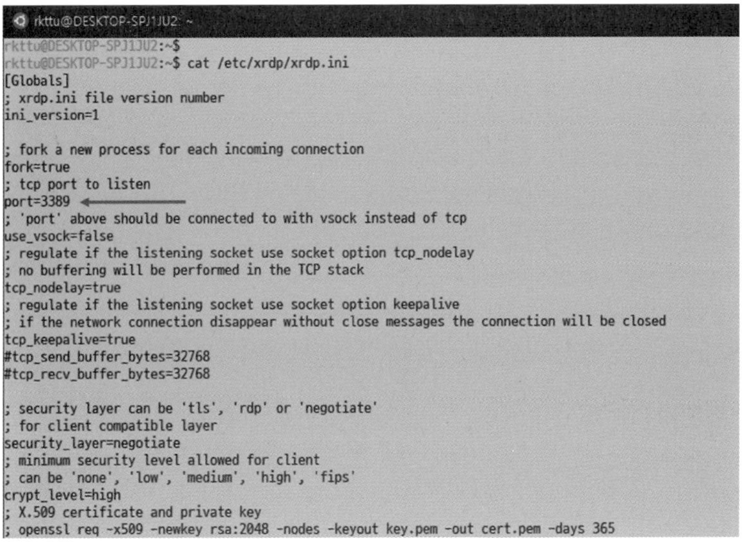

```
rkttu@DESKTOP-SPJ1JU2: ~
rkttu@DESKTOP-SPJ1JU2:~$
rkttu@DESKTOP-SPJ1JU2:~$ cat /etc/xrdp/xrdp.ini
[Globals]
; xrdp.ini file version number
ini_version=1

; fork a new process for each incoming connection
fork=true
; tcp port to listen
port=3389  ◄───────────
; 'port' above should be connected to with vsock instead of tcp
use_vsock=false
; regulate if the listening socket use socket option tcp_nodelay
; no buffering will be performed in the TCP stack
tcp_nodelay=true
; regulate if the listening socket use socket option keepalive
; if the network connection disappear without close messages the connection will be closed
tcp_keepalive=true
#tcp_send_buffer_bytes=32768
#tcp_recv_buffer_bytes=32768

; security layer can be 'tls', 'rdp' or 'negotiate'
; for client compatible layer
security_layer=negotiate
; minimum security level allowed for client
; can be 'none', 'low', 'medium', 'high', 'fips'
crypt_level=high
; X.509 certificate and private key
; openssl req -x509 -newkey rsa:2048 -nodes -keyout key.pem -out cert.pem -days 365
```

그림 9-5 xRDP 서버는 기본적으로 RDP 포트 3389에서 연결을 받음

4 /etc/xrdp/xrdp.ini의 설정을 텍스트 편집기(예: nano)를 사용하여 WSL에서 실행되는 우분투 18.04용 포트 5000을 받도록 파일 내용을 고친다. [그림 9-6]과 같은 상태가 될 것이다.

```
sudo nano /etc/xrdp/xrdp.ini
```

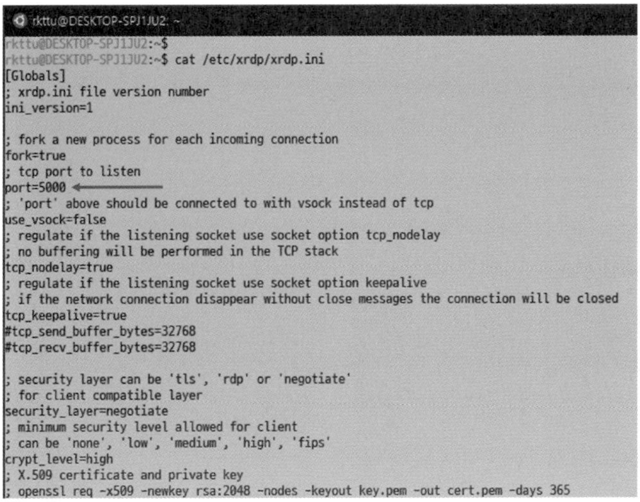

```
rkttu@DESKTOP-SPJ1JU2: ~
rkttu@DESKTOP-SPJ1JU2:~$
rkttu@DESKTOP-SPJ1JU2:~$ cat /etc/xrdp/xrdp.ini
[Globals]
; xrdp.ini file version number
ini_version=1

; fork a new process for each incoming connection
fork=true
; tcp port to listen
port=5000  ◄───────────
; 'port' above should be connected to with vsock instead of tcp
use_vsock=false
; regulate if the listening socket use socket option tcp_nodelay
; no buffering will be performed in the TCP stack
tcp_nodelay=true
; regulate if the listening socket use socket option keepalive
; if the network connection disappear without close messages the connection will be closed
tcp_keepalive=true
#tcp_send_buffer_bytes=32768
#tcp_recv_buffer_bytes=32768

; security layer can be 'tls', 'rdp' or 'negotiate'
; for client compatible layer
security_layer=negotiate
; minimum security level allowed for client
; can be 'none', 'low', 'medium', 'high', 'fips'
crypt_level=high
; X.509 certificate and private key
; openssl req -x509 -newkey rsa:2048 -nodes -keyout key.pem -out cert.pem -days 365
```

그림 9-6 포트 5000에서 연결을 받도록 xRDP 서버 구성

5 다음 명령을 사용하여 리눅스 배포판에서 xRDP 서비스를 시작한다. 그러면 [그림 9-7]과 같이 원격 데스크톱 프로토콜 서버가 지정한 포트 번호에서 연결을 받는다. 이제 마이크로소프트 RDP 클라이언트(mstsc.exe)를 이용하여 우분투 18.04에 연결하여 완전한 데스크톱 환경을 이용할 수 있다.

```
sudo service xrdp start
```

원격 세션을 설정할 때마다 'xrdp' 서비스를 실행해야 하지만, 리눅스 배포판을 시작할 때마다 이 서비스를 실행하는 시작 스크립트를 만들면 좀 더 편리하다.

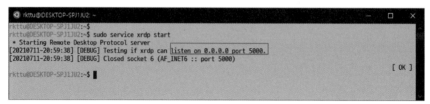

그림 9-7 xRDP 서비스 시작

6 [그림 9-7]과 같이 오류 없이 모든 단계가 성공했다면 설정과 구성이 거의 완료된 것이다.

7 이제 윈도우 원격 데스크톱 연결 관리자(mstsc.exe)를 시작하고 [그림 9-8]과 같이 localhost 주소에 포트 5,000번으로 연결한다. 한 가지 알아야 할 것은, localhost 주소를 사용하여 연결하는 방법은 WSL 1에서만 작동하며 WSL 2는 전용 네트워크 인터페이스가 있는 경량 유틸리티 VM에서 실행되므로 WSL 2 인스턴스에 대한 원격 데스크톱 연결을 설정하려면 정확한 IP 주소를 얻어야 할 수 있다.[3]

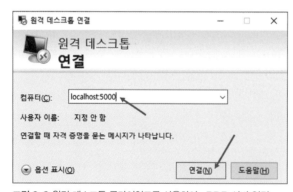

그림 9-8 원격 데스크톱 클라이언트를 사용하여 xRDP 서버 연결

----

3 옮긴이_ 사용하는 윈도우 10 OS의 버전에 따라 차이가 있을 수 있지만, 모든 네트워크 어댑터에 대해 연결을 받도록 바인딩된 소켓이 있다면 WSL이 자동으로 localhost 주소로 바인딩해주는 기능이 WSL 2 정식 출시 이후에는 포함되어 있어 WSL 2에서 WSL 1처럼 localhost 주소로 연결할 수도 있다. 단, 윈도우에서 IPv6 프로토콜을 사용하도록 네트워크 어댑터를 켰을 경우 이 기능이 제대로 동작하지 않을 수 있으므로 IPv6 기능은 사용하지 않는다면 끄는 것을 권장한다.

8 만약 이전 단계가 실패했다면, 관리자 권한으로 파워셸 콘솔을 시작하고 리눅스 인스턴스를 다시 시작하는 다음의 명령을 실행한 후 WSL을 다시 시작한다. 이제 5단계에서 언급한 대로 xrdp 서비스를 시작하고, 7 단계를 다시 시도한다.

```
Get-Service LxssManager | Restart-Service
```

9 이렇게 하면 방금 Xfce와 xRDP로 구성한 WSL에서 실행되는 리눅스 배포판에 대한 RDP 연결이 설정 된다.

10 이제 우분투 18.04에 대한 사용자 자격 증명을 제공하고 [그림 9-9]와 같이 [OK] 버튼을 클릭한다.

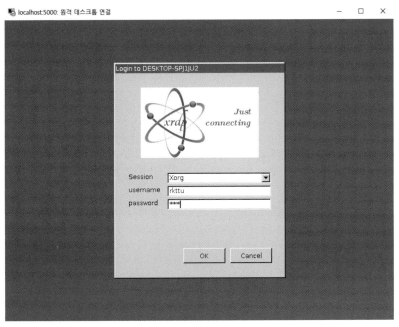

그림 9-9 리눅스 자격 증명 제공

11 자격 증명이 제공되면 xRDP는 WSL에서 실행되는 [그림 9-10]과 같이 완전한 데스크톱 환경을 시작한다.

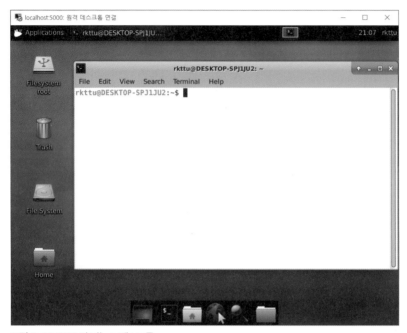

그림 9-10 WSL의 리눅스 데스크톱

9.4 마무리

9장에서는 WSL에서 완전한 데스크톱 사용자 환경을 쓸 수 있게 하는 Xfce, xRDP의 단계별 설치와 구성 과정을 알아보았다. 설정이 완료되면 그래픽 사용자 인터페이스(GUI)를 사용하여 WSL 인스턴스와 그래픽 방식으로 상호작용할 수 있다. Xfce는 사용자를 위한 데스크톱 환경을 만들고, xRDP는 윈도우 사용자가 RDP 프로토콜을 통해 리눅스 인스턴스에 연결할 수 있도록 도와주는 서비스이다.

INDEX

INDEX